Paul Biegel

Das große Geschichtenbuch

Paul Biegel

Das große Geschichtenbuch

Mit Bildern von
Charlotte Dematons

Aus dem Niederländischen von Eva Schweikart

Urachhaus

INHALT

DER SCHWAN

Weit weg im Süden liegt zwischen hohen Bergen ein See. Eigentlich ist es ein mit Wasser gefülltes Tal, wie eine riesige Badewanne. Das Wasser schwappt an das felsige Ufer, von dem aus Kiefern senkrecht emporwachsen. Ihre Wurzeln sind wie krumme Zehen um die Steinblöcke gekrallt, und mit ihren grünen Fingern greifen sie nach dem blauen Himmel. Aber sie kommen nicht heran.
Auf dem See lebte ein Schwan.

Wenn am Abend die Sonne hinter den Bergen unterging, stieg der Schwan auf. Gut zwanzig Mal klatschten seine Flügel auf das Wasser, ehe er sich in die Lüfte erhob und *flapp-flapp-flapp* mit vorgerecktem Hals um den ganzen See flog.

Das dauerte lange, denn der See war groß, und der Schwan drehte beständig den Kopf, um in alle Richtungen zu schauen. Am Ende seiner Runde landete er wieder auf dem Wasser und zog dabei spritzend und schäumend eine lange Spur. Wenn er dann zur Ruhe gekommen war, murmelte er: »Nein, es ist noch immer kein anderer da.«

Denn das war der Grund, warum der Schwan täglich seine Runde drehte: Er wollte wissen, ob ein anderer Schwan gekommen war, um auf dem See zu leben. Im Kiefernwald wohnten Krähen und Hirsche, am Ufer paddelten Enten und Gänse, und im Wasser schwammen Hechte und Forellen. Nur der Schwan war allein. Und als Einziger weiß. Soll ich fortfliegen?, dachte er. Nein, ich bin sicher, dass ein anderer Schwan kommen wird. Eines Tages, da bin ich sicher.

Den ganzen Sommer, den ganzen Herbst und den ganzen Winter flog der Schwan jeden Abend um den See herum, mit flappenden Flügeln, vorgerecktem Hals und beständig Ausschau haltend, aber kein einziges Mal sah er einen anderen Schwan.

Der Himmel war blau oder grau, das Wasser war glatt oder aufgewühlt, die Laubbäume waren grün und dann herbstlich gelb, und schließlich lagen die Berge unter der weißen Schneedecke des Winters. All das sah der Schwan, und er sah auch, wie schön es war, aber jedes Mal, wenn er schaumspritzend auf dem Wasser landete, murmelte er: »Nein, es ist noch immer kein anderer da. Ich bin ein einsamer Schwan.«

Als der Frühling einzog, wurde seine Sehnsucht so groß, dass er beschloss, tatsächlich fortzufliegen. An einem frühen Morgen, es wurde gerade hell und aus den Kiefern war erstes Vogelgezwitscher zu vernehmen, stieg er auf. Gut dreißig Mal klatschten seine Flügel auf das Wasser, ehe er sich in die Lüfte erhob. Immer höher flog er, bis über die Berggipfel, sodass er die Sonne rot aufgehen sah. Immer höher, sodass der See wie ein kleiner Teich unter ihm lag. Immer noch höher, sodass er das Blau berührte, an das die Kiefern mit ihren grünen Fingern nicht herankamen.

Ich fliege zur Sonne, dachte er. Vielleicht lebt dort ein anderer Schwan.

Aber die Sonne stand so unglaublich hoch, dass der Schwan sie auch nach einem ganzen Tag Fliegen noch nicht erreichte, und dann versank sie hinter der Erde, und es wurde dunkel.

Ich fliege zu den Sternen, dachte er. Bestimmt lebt dort ein anderer Schwan.

Er flog und flog, so hoch wie noch niemand zuvor, und plötzlich waren da alle möglichen Tiere.

Als Erstes sah der Schwan einen Bären, einen großen Bären, und danach einen kleinen, dann einen Löwen, dann einen Drachen, dann einen Wal, dann ein Pferd, dann einen Widder und schließlich einen Stier mit einem roten Auge.

»Ist kein Schwan da?«, rief er. »Ich suche einen Schwan!«

Aber die Tiere über ihm antworteten: »Einen Schwan gibt es hier nicht. Such nur weiter.«

Der Schwan flog und flog, die ganze Nacht hindurch, und die Nacht dauerte lange, es wurde überhaupt nicht mehr Tag. Er befand sich bei den Sternen, wo es immerzu dunkel ist.

Dort fliegt der Schwan noch heute umher.

Wenn du gute Augen hast, kannst du ihn im Sommer jede Nacht hoch über dir sehen. Er fliegt mit langem vorgerecktem Hals zwischen den anderen Sternen die Milchstraße entlang. Das ist ein schöner Anblick, und wenn das Wasser des Sees in den Bergen glatt ist, ohne Wellen und Kräusel, dann spiegelt er sich darin.

Vielleicht kommt irgendwann ein anderer Schwan, um auf dem See zu leben. Dann fliegt der weiße Schwan von den Sternen herab und muss nicht mehr einsam sein.
Sobald du eine leere Stelle am Sommernachthimmel siehst, weißt du, dass es geschehen ist.

DER SALZIGE GOLDFISCH

Der Goldfisch war tot.
Er trieb im Wasser des Kristallteichs, und seine Diamantaugen sahen nichts mehr.
Der Gärtner schöpfte ihn heraus und trug ihn zur Königin, die in Tränen ausbrach.
»Ich will ein feierliches Begräbnis«, schluchzte sie. »Und danach einen neuen Goldfisch.«
Der Gärtner hob im Garten eine Grube aus, die Hofdamen sangen traurige Lieder, und als alles vorbei war, rief die Königin den Fischer zu sich.
»Es wird ein neuer Teich angelegt«, sprach sie.
»Jawohl, Majestät«, antwortete der Fischer.

»Ein Kummerteich«, fuhr sie fort. »Ich und meine Hofdamen werden ihn mit unseren Tränen vollweinen.«
»Jawohl, Majestät«, antwortete der Fischer.
»Darum muss der neue Goldfisch ein Salzfisch sein.«
»Jawohl, Majestät«, antwortete der Fischer.
»Fang einen«, befahl die Königin.
»Jawohl, Majestät. Im salzigen Meer gibt es aber keine Goldfische.«
»Fang einen!«, rief die Königin, und ihr Kummer wandelte sich in helle Wut.
Der Fischer verbeugte sich. »Jawohl, Majestät«, antwortete er und ging zum Strand.
Wie soll ich bloß einen Fisch fangen, den es nicht gibt?, dachte er. Dann krempelte er seine Hosenbeine hoch, nahm sein Schleppnetz und watete ins Wasser. Das Netz wurde immer schwerer.
Nach einer Stunde zog er es heraus. Darin waren eine Scholle, ein dicker Butt und dreizehn Garnelen. Der Fischer warf sie alle zurück ins Wasser und begann von Neuem.
Nach sieben Stunden fing er einen Rochen.
»Was soll ich mit dir?«, rief der Fischer und ließ auch ihn wieder schwimmen.
Der Rochen hob seinen Kopf aus dem Wasser. »Warum lässt du mich frei?«, fragte er.
»Weil ich dich nicht brauchen kann«, sagte der Fischer.
»Schmecke ich nicht lecker?«, fragte der Rochen.
»Das ist es nicht«, sagte der Fischer. »Ich brauche etwas anderes.«
»Was denn?«, fragte der Rochen.
»Einen salzigen Goldfisch«, erwiderte der Fischer.
»Warte, bis Ebbe ist«, sagte der Rochen.
»Und dann?«, fragte der Fischer.
»Dann gehst du bis hinter die Muschelbank«, sagte der Rochen.

»Und dann?«, fragte der Fischer.
»Dann kommst du in die Fischmaulstraße. Und dort wohnt ein salziger Goldfisch.«
Also wartete der Fischer, bis die Ebbe kam und er in der Ferne die Muschelbank glänzen sah.
Er ging hin, stapfte *kritsch-kratsch* darüber hinweg und kam in eine Straße voller Fischmäuler, so groß wie Häuser. Sie standen ein Stück offen und Meerwasser suppte heraus.
Der Fischer stieg in das erste Maul. Es war bis zur Hälfte mit Wasser gefüllt.
»Ist da jemand?«, rief er.
Ein Husten und Prusten erklang. Und dann eine Stimme: »Jawohl!«
Im Halbdunkel konnte der Fischer nicht sehen, wer es war. »Bist du der salzige Goldfisch?«, fragte er.
»Aber nein«, sagte die Stimme. »Ich bin der Tolle-volle-Rollbauchfisch. Der salzige Goldfisch wohnt nebenan.«
Als der Fischer zum nächsten Maul ging, zappelte der Tolle-volle-Rollbauchfisch hinter ihm her und fragte: »Was willst du von dem salzigen Goldfisch?«
Der Fischer aber war bereits in das Maul gestiegen und rief: »Salziger Goldfisch, bist du da?«
»Nei-hein!«, antwortete jemand.
Der Fischer wandte sich zum Gehen, doch etwas Klebriges an seinem Fuß hielt ihn fest.
»Ich bin die Witsche-flitsche-Glitscheschnecke. Der salzige Goldfisch wohnt nebenan. Was willst du von ihm?«
Ohne zu antworten, riss der Fischer sich los und ging hinaus.
Die Witsche-flitsche-Glitscheschnecke kroch hinter ihm her, und ihr folgte zappelnd der Tolle-volle-Rollbauchfisch.
Der Fischer stieg in das nächste Maul.
»Wer da?«, rief er.
»Wer da?«, kam die Antwort.
»Ich!«, rief der Fischer.
»Ich!«, kam die Antwort.

»Bist du der salzige Goldfisch?«, fragte der Fischer.

Ein fürchterliches Getöse erklang. »Ich bin der Miese-fiese-Riesenhai. Schmeckst du lecker?«

»Nein!«, rief der Fischer und suchte das Weite.

Der Miese-fiese-Riesenhai, die Witsche-flitsche-Glitscheschnecke und der Tolle-volle-Rollbauchfisch kamen hinter ihm her.

Und vor ihm, in einiger Entfernung, näherte sich schon die Flut. Mit schaumweißen Wellen.

Wenn ich mich nicht beeile, ertrinke ich, dachte der Fischer und sprang in das nächste Fischmaul.

»Wohnt hier jemand?«, rief er.

»Äh ... jawohl«, sagte eine schleppende Stimme.

»Der salzige Goldfisch?«, fragte der Fischer.

»Äh ... nein. Ich bin der ... äh ... Schräge-träge-Sägefisch. Der salzige Goldfisch wohnt nebenan.«

»Das sagen alle!«, rief der Fischer ungeduldig.

»Oh, dann ... äh ... neben nebenan«, sagte der Schräge-träge-Sägefisch. »Ich kann ja mal nachsehen.«

Aber der Fischer war bereits wieder im Freien und watete durch die ersten Ausläufer der Flut zum nächsten Fischmaulhaus. Der Schräge-träge-Sägefisch, der Miese-fiese-Riesenhai, die Witsche-flitsche-Glitscheschnecke und der Tolle-volle-Rollbauchfisch schwammen hinter ihm her.

Das Fischmaul öffnete sich gerade weit und eine Zunge schaute heraus.

Die halten mich alle zum Narren, dachte der Fischer und wollte umkehren, damit er nicht in der Flut ertrank.

Da begann die Zunge zu sprechen: »Ich bin die Schlaue-raue-Blauseezunge. Suchst du den salzigen Goldfisch?«

»Ja!«, schrie der Fischer. »Wo ist er? Schnell!«

Das Wasser stand ihm schon bis zum Bauch.

»Nebenan«, sagte die Schlaue-raue-Blauseezunge.

Mühsam kämpfte sich der Fischer durch das Wasser, das ihm nun bis zum Hals reichte, zum letzten Fischmaulhaus. Die Schlaue-raue-Blauseezunge, der Schräge-träge-Sägefisch, der Miese-fiese-Riesenhai, die Witsche-flitsche-Glitscheschnecke und der Tolle-volle-Rollbauchfisch schwammen hinter ihm her.
Der Fischer klammerte sich am letzten offenen Fischmaul fest und rief hinein: »Salziger Goldfisch, salziger Goldfisch, bist du da?«
Es kam keine Antwort, und als der Fischer noch einmal rief, wurde seine Stimme von einem gewaltigen Brausen übertönt. Eine schäumende Welle erfasste ihn.
Jetzt ertrinke ich, dachte er und warf noch einen Blick auf die Überwasserwelt. Das letzte Maul öffnete sich weit. Ein rotgoldener Kopf kam zum Vorschein, und ein Diamantauge funkelte.
Dann versank alles in den Wellen.
Das war der salzige Goldfisch, dachte er. Ich habe ihn gefunden, aber zu spät. Und dann erfüllte das Wasser auch seine Gedanken, und er verlor das Bewusstsein.
Die Flut trug ihn auf den Strand zu, und der Tolle-volle-Rollbauchfisch, die Witsche-flitsche-Glitscheschnecke, der Miese-fiese-Riesenhai, der Schräge-träge-Sägefisch und die Schlaue-raue-Blauseezunge schwammen hinter ihm her. Der salzige Goldfisch jedoch schwamm unter dem Kopf des Fischers, sodass dieser über Wasser blieb.
Als der Fischer wieder zu sich kam, lag er im Sand.
Was für ein sonderbarer Traum, dachte er und stand auf, um wegzugehen.
Plötzlich rief eine Stimme: »Was wolltest du von mir?«
Der Fischer wandte sich um: Aus dem Wasser schaute der Kopf des salzigen Goldfischs.

»Die Königin will dich in ihrem Kummerteich haben«, sagte der Fischer.

»Da will ich nicht rein«, antwortete der salzige Goldfisch. »In ihren Kristallteich aber schon.«

»Ich werde es bestellen«, sagte der Fischer.

Als er in den Garten kam, saßen die Königin und ihre Hofdamen noch immer an dem neu angelegten Teich, um ihn mit ihren Tränen vollzuweinen.

»Hast du einen salzigen Goldfisch gefunden?«, fragte die Königin.

»Jawohl, Majestät«, antwortete der Fischer.

»Dann her damit!«, rief die Königin.

»Er ist unten im Meer«, sagte der Fischer. »Und er will in den Kristallteich.«

»Nun denn«, sprach die Königin. »Ich habe meinen Kummer herausgeweint.« Und sie ließ den Kristallteich mit Meerwasser füllen.

Als der Fischer den salzigen Goldfisch in seinem Netz mitnehmen wollte, sprangen auch der Tolle-volle-Rollbauchfisch, die Witsche-flitsche-Glitscheschnecke, der Miese-fiese-Riesenhai, der Schräge-träge-Sägefisch und die Schlaue-raue-Blauseezunge hinein.

Der Fischer trug sie alle zum Kristallteich.

»Was soll das?«, rief die Königin.

»Sie gehören dazu«, antwortete der Fischer.

»Nun denn«, sprach die Königin. »Meine Tränen haben meine Wut gelöscht.« Und sie leerte höchstpersönlich das Netz über dem Kristallteich aus.

Seit der Zeit müssen die Hofdamen sich jeden Morgen rund um den Teich versammeln und einen Kanon singen:

»Der Tolle-volle-volle-tolle-tolle-volle-Rollbauchfisch.
Die Witsche-flitsche-tolle-volle-schlicke-schlacke-Glitscheschnecke.
Der Miese-fiese-tolle-volle-witsche-flitsche-Riesenhai.
Der Schräge-miese-schlicke-fiese-witsche-schlacke-Sägefisch.
Die Schlaue-raue-schlicke-tolle-schlacke-volle-Blauseezunge.«

Und jeden Morgen geraten die Damen durcheinander.

Dann lacht die Königin aus vollem Hals, und ihr Lachen kräuselt den stillen Kummerteich.

DER PAPIERPALAST

Die kleine Sofie hatte ein krankes Bein und musste deswegen sehr lange im Bett liegen. Sie langweilte sich furchtbar, weil sie schon alle Bücher gelesen und alle Buntstifte verbraucht hatte.

Da brachte ihre Großmutter ein Geschenk. Ein ungewöhnliches Geschenk: eine Schere.

»Für meine Nägel?«, fragte Sofie.

»Nein«, sagte die Großmutter. »Damit kannst du Dinge aus Papier ausschneiden.«

»Was für Dinge?«, fragte Sofie.
»Männchen«, sagte die Großmutter. »Und Tiere und Bäume und Häuser und was dir noch so einfällt.«
Es war gar nicht so einfach. Als Erstes schnitt Sofie eine Kuh aus, die aber eher wie ein Marmeladenglas auf Beinen aussah. Dann einen Hasen und ein Kaninchen, die aber wie Rollmöpse aussahen.
Sofie nahm ein neues Blatt und schnitt aufs Geratewohl irgendein Tier aus.
»Hast du den Hund gemacht?«, fragte ihr Vater. »Mit der Schere von Großmutter? Der ist ja toll geworden!«
Sofie übte und übte, und nach einer Woche gelang ihr alles, was sie wollte. Sogar Häuser, die zusammengeklebt werden mussten.
Alle Nachbarn hörten davon und kamen, um sich anzusehen, was die kranke Sofie aus Papier gefertigt hatte: einen Bauernhof mit Scheunen und Ställen und Hühnern und Kühen und Schweinen. Und Enten auf einem Teich aus Silberpapier.
»Nein, Sofie! Wie toll!«, riefen sie.
Eines Nachts hatte Sofie einen seltsamen Traum. Ein winziges Männchen, noch kleiner als ihr kleiner Finger, sprang auf den Tisch. »Du musst einen Palast machen«, sagte es.
»Einen Palast? Für wen?«, fragte Sofie.
»Für die Königin«, antwortete das Männchen. »In drei Tagen gibt sie ein Fest. Dafür braucht sie einen schönen neuen Palast.«
»Aus Papier?«, fragte Sofie.
»Natürlich«, sagte das Männchen. »Und du musst ihn machen. Mit einem großen Ballsaal, zwei Küchen mit Herden, breiten Treppen zu den oberen Räumen, Türmen mit Zinnen und Wehrgängen und Fahnen und einer Freitreppe zur zweiflügeligen Tür. Lakaien und Köche und Tänzerinnen musst du auch machen. Viele Tänzerinnen, weil es ein großes Fest wird.«

Am nächsten Morgen lachte Sofie über den Traum, dennoch konnte sie ihn nicht vergessen. Ich habe eine Idee, dachte sie: Ich mache es einfach! Einen ganzen Palast. Nur so, aus Spaß.

Und sie schnitt und klebte und klebte und schnitt. Wände mit Fenstern, Türme mit Wehrgängen, den Boden des Ballsaals, die Treppen zum Obergeschoss …

»Was wird das denn, Sofie?«, fragte ihre Mutter.

»Ein Palast«, erwiderte Sofie.

Am Abend waren zwei Wände und ein Teil der Treppen fertig.

In der Nacht träumte Sofie wieder von dem Männchen. Es trippelte über die Tanzfläche und drückte gegen die Wände, sodass das Papier knisterte.

»Sind die auch stabil genug?«, fragte es.

»Aber ja«, sagte Sofie.

»Und wo sind die Küchen?«

»Die muss ich noch machen«, sagte Sofie.

Am nächsten Tag machte sie die Küchen und die oberen Räume, zu denen die breiten Treppen führten, und die Türme mit den Fahnen.

»Du musst dich beeilen«, sagte das Männchen in der dritten Nacht in ihrem Traum. »Es ist nur noch ein Tag Zeit. Wo ist die Freitreppe? Wo sind die Köche und die Lakaien und die Tänzerinnen? Und der eine Turm muss höher werden.«

Gleich nach dem Frühstück griff Sofie zur Schere. Sie schnitt zwölf Tänzerinnen aus und klebte sie, auf einem Bein stehend, im Ballsaal kreisförmig am Boden fest. Es folgten sieben Köche, die auf zwei Beinen an den Küchenherden standen. An den einen Turm klebte sie ein Stück an und machte dann die Freitreppe mit zwei hohen Bäumen rechts und links davon.

»Wunderschön, Kind, wunderschön«, sagte die Mutter. »Soll ich den Palast jetzt wegstellen?«

»Auf den Tisch«, flüsterte Sofie.

In der folgenden Nacht träumte Sofie nicht, sondern wachte auf.

Das Zimmer war von einem seltsamen weißen Licht erhellt. Und plötzlich sah sie, woher es kam. Mitten auf dem Tisch leuchtete ihr Papierpalast so hell, als würden darin tausend Lampen brennen. Aus den Fenstern erklang Musik, und hinter den durchscheinenden Papierwänden bewegten sich Schattenrisse.

Das Fest!, dachte Sofie. Sie wollte aufstehen, aber mit ihrem kranken Bein gelang das nicht.

Nun wurde im Palast gesungen und Beifall geklatscht, man rief »Hurra!« und »Lang lebe die Königin!« Und Sofie sah die Schatten von kleinen Menschlein hinter den Wänden tanzen, hüpfen, springen und sich wiegen.

Dann fiel ihr Blick auf den hohen Turm. Dort stand das Männchen aus ihrem Traum und hielt Ausschau.

»He!«, rief Sofie ihm zu.

Und im gleichen Moment wurde es still und dunkel.

Das ist ja merkwürdig, dachte Sofie.

Und am nächsten Morgen dachte sie wieder: Das ist ja merkwürdig. Mein Traum war so echt, dass ich geglaubt habe, ich wäre wach.

»Das ist ja merkwürdig«, sagte auch die Mutter, als sie den Palast neben Sofies Bett stellte. »Ich erinnere mich gar nicht, dass du ein Männchen auf den Turm geklebt hast.«

Sofie machte große Augen. »Dann war es doch kein Traum«, flüsterte sie.

»Wie meinst du das?«, fragte die Mutter.

Sofie gab keine Antwort. Aus dem Augenwinkel spähte sie durch das Fenster in den Ballsaal. Dort stand mitten auf der Tanzfläche, umringt von zwölf Tänzerinnen auf einem Bein, eine weitere Figur, die einen weiten Mantel trug und eine Krone auf dem Kopf hatte: die Königin.

Als die Nachbarn kamen, um den Palast zu bewundern, sagten sie: »Die Königin hast du aber toll gemacht. Sie wirkt so echt, dass man sie für lebendig halten könnte.«

»Die habe ich gar nicht gemacht«, erwiderte Sofie.

Aber das wollte keiner glauben.

DAS KANINCHEN, DAS SICH VERLAUFEN HATTE

Ein Kaninchen lebte mit seinen Eltern und Geschwistern in einem Bau. In einem behaglichen warmen Bau unter einer alten Eiche.

An einem Schönwettertag war dem Kaninchen nach einem Spaziergang zumute. Weil es allein eigentlich nicht wegdurfte, dachte es: Ich gehe nur ein kurzes Stück.

Es lief bis zur Kastanie und bog dort rechts in die lange Allee ein. Die Allee war aus Gold, weil die Sonne durch die Bäume schien. Jedenfalls in der Ferne. Dort, wo das Kaninchen sich gerade befand, waren der Sand grau und die Bäume grün.

Ich gehe bis zu dem goldenen Teil, dachte das Kaninchen und rannte los. Doch als es näher kam, wurden der Sand grau und die Bäume grün. Das Gold war weiter in der Ferne.

Hätte das Kaninchen sich umgeblickt, dann hätte es gesehen, dass die Sonne auch hinter ihm alles in Gold tauchte, und bestimmt hätte es kehrtgemacht.

Aber es blickte sich nicht um, sondern hoppelte weiter, immer weiter. Vorbei an hohen Tannen und an einer knorrigen Buche, über eine Wiese und über einen Graben hinweg bis zu einem Gebüsch.

Da roch es fein, und die Bienen summten, denn in der Nähe stand ein Blütenbaum. Und die Sonne vergoldete alles, aber nur dort, wo das Kaninchen sich gerade nicht befand.

Wie kommt das bloß?, dachte es, kroch durch das Gebüsch und lief auf einen hellen Fleck zu.

So kam es an einen großen Teich. Das Schilf am Ufer raschelte im Wind, und seine Rispen verneigten sich tief. Das Kaninchen stellte die Ohren auf und verneigte sich ebenfalls artig.
Wie komme ich bloß zu dem Gold?, dachte es und hoppelte weiter.
Durch hohes Gras, an einer Reihe Weißbirken entlang, unter der breiten Krone einer Rotbuche hindurch, an einem Erlengehölz vorbei und um einen großen stachligen Brombeerstrauch herum.
»Au!«
Der Brombeerstrauch hatte es gestochen. Ein fieser Dorn von einer Ranke, die ins Gras hineingewachsen war, steckte in seiner Pfote.
»Au!«

Mami muss den Dorn herausziehen!, dachte das Kaninchen und trat, auf drei Pfoten und hinkend, den Nachhauseweg an.
Den Nachhauseweg?

Aber – wo ging es nach Hause?
Da! Durch das hohe Gras bis zu dem Erlengehölz, *hoppeldiehopp* auf drei Pfoten (au, der Dorn!).
Aber waren das die richtigen Erlen?
Und hatte die Tanne vorhin auch dagestanden? Es war, als würde sie im Wind ein trauriges Lied singen: »Niiie mehr, niiie mehr!«, klang es.

Nein, hier bin ich nicht vorbeigekommen, dachte das Kaninchen. Und es schlug eine andere Richtung ein. *Hoppeldiehopp* auf drei Pfoten. Au, au, der Dorn!
Eine Kastanie. Mit Blättern, die wie Finger aussahen. Aber es war nicht die Kastanie in der Nähe des Baus. Sondern eine andere. Eine unbekannte.
Das Kaninchen bekam Angst. An das Gold dachte es nicht mehr. Es wollte nur noch eines: nach Hause zu seiner Mutter.
»Mami!«, rief es.
Aber die Antwort blieb aus.

Also weiter. *Hoppeldiehopp* auf drei Pfoten. Au, au, au, der Dorn! Es tat gemein weh!
»Mami!«, rief das Kaninchen wieder.
Und es blieb sitzen, weil es nicht mehr wusste, wo es nach Hause ging. Es hatte sich verlaufen.
Die Sonne ließ die Bäume golden leuchten, ihr Laub rauschte im Wind, und die Wiesenblumen dufteten fein, aber all das nahm das Kaninchen nicht wahr. Es machte ein paar Schritte nach links, nach rechts, geradeaus und – he, was war das?
Eine Krähe.

Eine alte Krähe mit grauen Flecken im schwarzen Gefieder und mit krummen Krallen, die im Sand scharrten.

»Oh, Frau Krähe!« Das Kaninchen humpelte auf den Vogel zu. »Bitte helfen Sie mir, Frau Krähe! Ich habe mich verlaufen!«

»Das nenne ich Pech«, krächzte die Krähe.

»Ja, aber … ja, aber …«, stammelte das Kaninchen. »Ich weiß den Nachhauseweg nicht mehr.«

»Dann such ihn«, sagte die Krähe. Es klang nicht gerade freundlich.

»Das kann ich nicht«, jammerte das Kaninchen. »Weil ich einen Dorn in der Pfote habe, und das tut so weh. Bitte helfen Sie mir!«

»Bah! Das ist ja ein schönes Schlamassel«, schnarrte die Krähe.

»Ich weiß nicht, was ich tun soll …« Das Kaninchen schluchzte.

»Hmmm«, machte die Krähe. »Hast du saubere Ohren?«

»Ja, ja, Frau Krähe.«

»Und hast du auch keine Flöhe?«

»Nei-hein, Frau Krähe.«

»Hmmm«, machte die Krähe wieder. »Dann steig auf meinen Rücken.«

»Oh!«, rief das Kaninchen erstaunt, und dann kletterte es auf den schwarzen Krähenrücken.

»Leg deine Vorderpfoten um meinen Hals.«

Das Kaninchen gehorchte.

»Wo wohnst du?«

»Unter der alten Eiche. Bei der Kastanie.«

»Aha, zu *der* Familie gehörst du«, murmelte die Krähe. »Dann halt dich mal gut fest.« Sie machte ein paar Schritte, schlug mit den Flügeln und erhob sich in die Lüfte.

Der Wind pfiff dem Kaninchen um die Ohren, und die Bäume sausten so schnell vorbei, dass es die Augen zumachen musste.

»Krah-krah!«, schrie die Krähe, wie Krähen das beim Fliegen so machen.

Das Kaninchen öffnete kurz die Augen. Weit unter sich sah es die Bäume, die Wiese, den Teich mit dem Schilf, die Rotbuche, das Erlengehölz, die Weißbirken …

»Oooh«, fiepte es und klammerte sich noch fester an den Hals der Krähe. Es hatte große Angst, in die Tiefe zu fallen.

»Ich ersticke!«, krächzte die Krähe.

»Oooh!«, fiepte das Kaninchen wieder. Und mit einem Mal wurde ihm flau im Magen. Was daher rührte, dass die Krähe zum Sinkflug angesetzt hatte. Mit ausgebreiteten Flügeln strich sie zwischen den Baumwipfeln nach unten. »Krah-krah!«, schrie sie wieder, und dann tat es einen Ruck, und sie waren gelandet.

Das Kaninchen ließ sich zu Boden gleiten. »Vielen Dank, Frau Krähe! Danke, danke!«

Da war die Kastanie. Und dort die alte Eiche mit dem Bau darunter.

»Pass in Zukunft besser auf!«, krächzte die Krähe.

Aber das Kaninchen war bereits in den Bau geschlüpft. In den sicheren, warmen Bau, wo seine Mutter ihm den Dorn aus der Pfote ziehen würde.

DER ZAUBERHUT

Jonathan
konnte zaubern.
Alles, was er
nur wollte,
ein Kaninchen
oder eine Sahnetorte
oder
ein Fahrrad,
mitten am Tag
oder
mitten in der Nacht,
wann immer er
Lust hatte.
Das *behauptete*
Jonathan
zumindest.

»Jetzt gerade habe ich zu nichts Lust«, sagte er. »Und dann geht es nicht.«

Ob das stimmte?

»Heute Morgen habe ich zwölf Lakritzschlangen gezaubert. Seht mal.« Jonathan zeigte seinen Freunden eine schwarze Schlange. »Die anderen habe ich schon aufgegessen.«

»Von wegen gezaubert, du hast sie gekauft!«, riefen sie. »Wir glauben dir nicht. Wir glauben dir nicht.«

Jonathan zuckte die Schultern. »Dann lasst es eben bleiben«, sagte er. »Eigentlich wollte ich heute Nachmittag eine große Torte für euch zaubern, aber das mache ich nun gerade nicht.«

»Eine große Torte? Wirklich?«

»Ja«, versicherte Jonathan. »Mit Kirschen und Himbeeren und Schlagsahne darauf.«

Ob das stimmte?

Am Nachmittag gingen die Kinder zu Jonathan. Um zu fragen, ob er nicht doch zaubern wollte. Sie hatten mächtig Lust auf Torte.

»Wenn ihr mir nicht glaubt, geht es nicht«, beschied Jonathan ihnen.

»Wir glauben dir ja!«, riefen sie. »Wirklich!«

Jonathan ging mit ihnen zur Wiese. Unterwegs schlossen sich noch mehr Kinder an, die gehört hatten, dass Jonathan zaubern wollte.

Auf der Wiese stellten sie sich in einem großen Kreis um ihn auf.

Jonathan hob die Arme. »Ihr müsst still sein«, sagte er, »denn jetzt kommt das Zauberwort.«

Alle verstummten. Nur noch der Wind war zu hören.

»Slim-pim...«, begann Jonathan, doch plötzlich ließ er die Arme sinken.

»Moment noch«, sagte er. »Ich brauche eine Platte für die Torte. Sie kann nicht einfach im Gras stehen.«

Jonathan rannte nach Hause, holte in der Küche eine große Tortenplatte, rannte zurück und stellte sie mitten in den Kreis.

»Ruhe! Es geht los!« Er hob die Arme und begann erneut: »Slim-pim-tille...«

Aber wieder sanken seine Arme herab. »Was soll denn nun auf der Torte sein?«, fragte er.

»Schokoladenstreusel!«, rief ein Junge.

»Nein, Erdbeeren!«, rief ein Mädchen.

»Mokkabohnen!«
»Nüsse!«
»Ein Riesenberg Schlagsahne!«
Alle schrien durcheinander und hörten erst auf, als Jonathan beschwichtigend mit den Armen wedelte. »Wenn das alles auf der Torte sein soll, wird das Zauberwort zu lang«, sagte er.
Und schon gab es Streit. Denn der Junge mit den Schokoladenstreuseln wollte keine Erdbeeren und das Mädchen mit den Mokkabohnen keine Nüsse.
»Ruhe!«, gebot Jonathan. »Ich will versuchen, eine Torte mit allem darauf zu zaubern.« Er hob die Arme und hielt sie über die Platte. Und während der Wind in den Bäumen rauschte, sprach er: »Slip-pim-tille-dille-riede-bradel-slup-slop.«
Nichts geschah.
»Haha!«, höhnte einer der Jungen.
Jonathan fasste sich an den Kopf. »Ach je!«, rief er. »Wie dumm von mir! Ich habe meinen Zauberhut vergessen. Bin gleich wieder da.«
Er rannte noch einmal nach Hause und kam kurz darauf mit einem großen Papierhut zurück. Der Hut sah aus wie ein Lampion, hatte aber eine breite Krempe und war so bunt, dass einem schwindlig davon wurde.

»Aufgepasst!«, rief Jonathan. »Es ist so weit! Gleich kommt die Torte mit Schlagsahne und Nüssen und Mokkabohnen und Kirschen und Erdbeeren und Himbeeren und Schokoladenstreuseln und Marzipan und Sultaninen und Korinthen und Fähnchen und sieben Kerzen. Los geht's!« Er hob die Arme, hielt sie über die Platte und begann mit dem Zauberwort: »Slim-pim-tille-dille…« Es war noch viel länger als beim vorigen Mal, ein Zauberwort ohne Ende, ein Zauberwort so lang wie eine Geschichte, ein Zauberwort wie ein…

Plötzlich kam Wind auf. Fast schon Sturm. Eine Bö riss Jonathan den Hut vom Kopf und wirbelte ihn durch die Luft.
»Oooh!«, rief Jonathan. »Oooh!«
Er rannte los, seinem Hut hinterher. Der Kreis löste sich auf, und alle Kinder rannten mit. Hinter dem kunterbunten Lampionhut her, der wie ein losgelassener Ballon im Wind tanzte.
»Oooh, jetzt kann ich nie mehr zaubern!«, rief Jonathan. »Wenn ich den Hut nicht erwische, ist es mit dem Zaubern vorbei.«
Der Wind wollte sich gar nicht mehr legen. Der Hut flog immer weiter, bis er sich im Geäst eines hohen Baums verfing.
»Oooh!«, rief Jonathan wieder, und alle stellten sich im Kreis um den Baum und blickten empor.
Keines der Kinder dachte mehr an die Tortenplatte. Wäre nur eines, ein einziges, zur Wiese zurückgegangen, dann hätte es gesehen, dass auf der Platte die schönste Torte der Welt stand. Eine Torte mit allem darauf, was Jonathan gezaubert hatte. Nur die Fähnchen und die Kerzen fehlten, denn bevor Jonathan das Zauberwort ganz zu Ende hatte sprechen können, war sein Hut davongeweht.
Aber keines der Kinder sah die Torte. Und es war niemand da, um sie zu essen. Das heißt, doch: Zwei Hunde aus der Nachbarschaft machten sich darüber her und fraßen sie ratzeputz auf.
Als Jonathan später wiederkam, war die Platte so sauber geleckt, dass es aussah, als hätte nie eine Torte auf ihr gestanden.
Darum glaubt bis heute keiner, dass Jonathan zaubern kann. Und sein Hut hängt noch immer oben im Baum.
Wer ihn herunterholt, darf sich etwas wünschen. Und das wird Jonathan dann zaubern.

DAS WOLKENSCHIFF

Margerite nannte man sie. Vielleicht, weil sie immer ein gelbes Kleid mit weißem Muster trug. Sie wohnte ganz allein in einem kleinen Haus hoch in den Bergen. Dort hatte sie schon gewohnt, als ihre Eltern noch lebten. »Nah bei den Wolken«, pflegte sie zu sagen. »Die Wolken sind wie Schiffe, und eines Tages darf ich mitfahren.«

Ein Mal in der Woche ging Margerite den langen gewundenen Weg hinab ins Tal, wo das Dorf lag. Sie hatte einen großen Korb, in dem sie Brot und Zucker und Tee und saure Drops und Taschentücher und was sie sonst noch kaufte, bis zu ihrem Haus nah bei den Wolken hinauftrug, was ziemlich mühsam war. An jeder Wegbiegung ruhte sie aus und sang ein Lied oder betrachtete den Himmel, der so blau war wie das Meer. An der siebten Biegung war die Aussicht am schönsten, und dort sah Margerite einmal eine Wolke heransegeln, eine Wolke mit Masten und Flaggen und munteren Männchen, die über die Reling spähten.

»Darf ich mit?«, rief Margerite. »Darf ich mit?«

Aber die Wolke segelte vorüber. Margerite rannte ein Stück mit, über den steinigen Berghang.

»So hört doch!«, rief sie. »Bitte!« Doch das Schiff verwandelte sich in einen Riesen, aus den Flaggen wurden Haare, aus den Masten Arme, und die munteren Männchen … he, wo waren die geblieben?

Nun ja, dachte Margerite, es war ja kein echtes Schiff. Und sie ging nach Hause.

Aber halt, Moment mal! Der Korb!

Sie hatte ihn stehen lassen. An der siebten Wegbiegung.

Schnell zurück!, dachte sie, und schon eilte sie den gewundenen Weg entlang.

Ein Glück, der Korb war noch da! Aber statt hinzulaufen, blieb Margerite wie erstarrt stehen. Denn um den Korb herum wimmelte es von Männchen. Von zwergenkleinen Männchen. Sie kletterten daran empor, stiegen hinein, nagten am Brot und leckten an den Drops.

Margerite war so verdutzt, dass sie gar nicht auf die Idee kam, wütend zu werden.

»Ja, wer seid ihr denn?«, rief sie.

Die Männchen hatten sie sehr wohl bemerkt, schmausten aber unverdrossen weiter. »Das siehst du doch!«, riefen sie. »Zwerge sind wir. Zwerge.«

»Gibt es wirklich Zwerge?«, fragte Margerite.

»Das siehst du doch!«, riefen sie wieder. »Vorhin hast du uns auch gesehen, oder?«

»Auf dem Wolkenschiff?«, fragte Margerite.

»Genau, auf dem Wolkenschiff. Wir hatten mächtig Hunger, darum sind wir herabgesprungen, als wir deinen Korb gesehen haben. Feine Drops sind das, feine Drops.«

»Sie gehören mir«, sagte Margerite.

»Für dich bleibt genug übrig«, sagten die Zwerge. »Wir sind ja ganz klein. Ganz klein.«

»Darf ich einmal auf einem Wolkenschiff mitfahren?«, fragte Margerite.

»Vielleicht, vielleicht«, sagten die Männchen. »Adieu und dankeschön! Adieu!« Und im nächsten Augenblick waren sie verschwunden.

Margerite schaute in den Korb. Ja, es war noch genug übrig. Und sie trug ihn nach Hause.

Das war vielleicht ein Abenteuer!, dachte sie.

Den ganzen weiteren Sommer lang hielt Margerite, wenn sie ihre wöchentlichen Einkäufe den Berg hinauftrug, nach Wolkenschiffen Ausschau. Aber am strahlend blauen Himmel zeigte sich nicht eine Wolke, und auch den Männchen begegnete sie nicht mehr.

War es nur ein Traum gewesen?

Es wurde Herbst, Stürme umtosten die Berge und brachten Regen und nassen Schnee.

Margerite wurde krank. Weil sie nicht zum Einkaufen ins Dorf konnte, gingen das Brot, der Tee, die Drops und alles andere zur Neige.

Schließlich zog sie drei warme Mäntel übereinander, band sich drei Wollschals um und setzte die Pelzmütze ihrer Großmutter auf, um doch ins Dorf hinabzugehen. Wie ein dicker, fetter Bär sah sie aus. Als sie den Korb vom Haken neben der Haustür nehmen wollte, war dieser nicht da. Sie suchte im Schrank und unter dem Bett, aber vergeblich.

Margerite wunderte sich. Der Korb kann ja nicht von allein weglaufen, dachte sie. Dann suchte sie weiter, bis ihr taumelig davon wurde, auch taumelig vom Nachdenken, sodass sie die drei Mäntel und die Schals und die Großmuttermütze wieder ablegte und noch kränker als zuvor in ihr Bett schlüpfte.

Wenn doch
nur jemand
kommen und mir
helfen würde, dachte sie.
Aber wer würde schon bei
Sturm und Regen in die Berge
heraufsteigen? Niemand.
Und doch musste jemand da gewesen
sein und den Korb mitgenommen haben. Etwa
die Zwerge von dem Wolkenschiff?
Und genauso verhielt es sich!
»Sieh an, sieh an!«, hatten sie gerufen. »Das
Mädchen mit dem Einkaufskorb ist krank. Wir
müssen etwas tun.«
»Einkaufen«, sagte einer.
»Mit dem Korb«, sagte ein anderer.
Und so hatten sie den Korb genommen, um ihn zu
zwanzigst ins Tal hinabzutragen. Durch Sturm und Regen,
aber Männchen von einem Wolkenschiff macht schlechtes
Wetter nichts aus.
»Was nun? Was nun?«, riefen sie einander zu.
»Wir können doch nicht wie die großen
Menschen in den Laden! Wir sind zu
klein. Wir sind zu seltsam.«
Plötzlich rief einer: »Wir schreiben einen
Zettel!«
»Und dann?«
»Legen wir den Zettel in den Korb.«
»Und dann?«
»Warten wir, bis es dunkel ist.«
»Und dann?«

»Stellen wir den Korb vor die Ladentür.«
»Jaaa!«, riefen alle. »Gute Idee! Gute Idee!«
Ein wenig außerhalb des Dorfs stand eine Mühle. Während der Müller mit Mahlen beschäftigt war, schlichen zwei Zwerge hinein, nahmen ein Stück Papier und einen Bleistift und schrieben einen Einkaufszettel.
Eine Flasche Hustensaft, eine Schachtel Tabletten, ein Glas Honig, drei Brote, eine große Tüte Zucker, eine Packung Tee, einen Beutel Drops, zwölf Zitronen, zwanzig Orangen. Für das kranke Mädchen oben in den Bergen. Vollen Korb vor die Tür stellen. Wird abgeholt. Wird abgeholt.
Den letzten Satz hatten sie versehentlich doppelt hingeschrieben. Vor lauter Aufregung und Eile.
»Egal, egal!«, riefen sie. Sie legten den Zettel in den Korb und stellten diesen spätabends direkt vor die Ladentür.
»Herrje, das Mädchen ist krank«, murmelte die Krämerin am nächsten Morgen. »Und ganz allein oben in den Bergen. Liebe Güte!«
Sie packte alles, was auf dem Zettel stand, ordentlich in den Korb, die Flasche mit dem Hustensaft hochkant, damit nichts auslief, und die drei Brote zuoberst, damit sie nicht zerdrückt wurden. »Wird abgeholt, wird abgeholt«, las sie. »Herrje, herrje, von wem wohl?«
Sie fragte im Dorf herum, aber niemand hatte den Zettel geschrieben und niemand war bei dem kranken Mädchen gewesen.
»Seltsam«, murmelte sie.
Als es dunkel geworden war, stellte sie den vollen Korb vor die Tür, setzte sich auf einen Stuhl und spähte durch die Briefschlitzklappe.
Der Sturm hatte sich gelegt. Die letzten heftigen Böen hatten die Regenwolken vom Himmel gefegt, und nun tauchte der Mond die Straße in silbernes Zauberlicht.

Jetzt bin ich aber gespannt, dachte die Frau. Und dann blinzelte sie, weil sich draußen etwas bewegte. Kleine schattenhafte Gestalten. Auch der Korb bewegte sich. Er kippte um, und ein Brot kullerte heraus, nein, es kullerte nicht, es rutschte, es lief, es lief auf zwanzig Trippelbeinchen, es …

»Männchen! Zwerge!«, wollte die Frau schreien, aber vor lauter Staunen brachte sie kein Wort hervor.

Sie beugte sich weiter vor und stieß ihre Nase an. Beim Spähen auf die zwölf Zitronen, die hintereinander davontrippelten, jede von einem Männchen getragen. Ihnen folgten die zwanzig Orangen, die Tablettenschachtel, das Glas Honig auf sechs Beinen, die große Tüte mit dem Zucker …

»Halt, halt!«, tönte es plötzlich. »Geht nicht! Geht nicht! Die Zuckertüte ist zu schwer.« Hohe Fistelstimmen riefen durcheinander.

Die Orangen und die Zitronen kamen im Eiltempo zurück. »Was nun? Was nun?«

»Zauber!«, rief die höchste Fistelstimme. »Wir machen es mit Zauber!«

Der Krämerin fielen vor Verwunderung fast die Augen aus dem Kopf, als die Zwerge alles wieder in den Korb packten, das schwere Ding mit viel Mühe aufrichteten und sich sodann im Kreis darum aufstellten.

Und sie stimmten ein Lied an:

»Leih, leih, leih
dicke Beine, dünne keine.
Trag ihn fort im Mondenscheine.
Los geht es auf eins, zwei, drei!«

Nichts geschah.

»Oh Schreck, oh Schreck!«, riefen die Männchen. »Der Zauber ist kaputt!«

Hektisch zogen und zerrten sie an dem Korb herum, bis die höchste Fistelstimme sich wieder meldete: »Da guckt jemand zu!«
»Wie, was, wo?«
»Irgendwo ist ein Neugierling. Darum funktioniert der Zauber nicht.«
Blitzschnell hatten alle Männchen sich im Schatten des Korbs versteckt.
Die Krämerin erhob sich und öffnete behutsam die Tür. »Pssst, ihr Zwerge!«, flüsterte sie.
Nichts geschah.
»Hallo, ihr kleinen Gesellen! Soll ich den Korb für euch tragen?«
Keine Antwort.

Die Frau ging auf den Korb zu, sah aber keinen einzigen Zwerg mehr.
Wie kann das sein?, dachte sie. Habe ich geträumt? Sie hob den Korb hoch. Soll ich den jetzt mitten in der Nacht nach oben tragen?, überlegte sie. Den ganzen Berg hinauf über den gewundenen Weg? Nein, ich warte lieber bis zum Morgen.
Sie wollte den Korb in den Laden stellen, doch da dachte sie: Wer weiß, vielleicht war das mit den Zwergen doch kein Traum. Dann kommen sie bestimmt zurück. Also stellte sie den Korb wieder hin, schloss die Tür und nahm erneut ihren Spähposten am Briefschlitz ein. Aber nichts geschah, und die Krämerin wurde müde, sehr müde. Die Briefschlitzklappe fiel zu, sodass sie nichts mehr sehen konnte – aber es war nicht die Klappe, es waren ihre Augen, die vor Müdigkeit zufielen. Im Schlaf hörte sie wieder das Lied von den dicken Beinen, aber das war ja ein Traum, und im Traum sah sie, wie es weiterging.
Die Zwerge stellten sich wieder im Kreis um den Korb auf. Und als ihr Lied zu Ende war, wuchsen aus dem Korb zwei kurze Beine hervor, dick wie Babybeine, und er setzte sich schwankend in Bewegung. Wie eine Ente watschelte er ans Ende der Straße und dann den Hang hinauf. Die Zwerge folgten in einer langen Reihe.

»Hurtig, hurtig, ohne Pein
geht es über Stock und Stein.
Bald haben wir dank Zauberkraft
den steilen Weg hinauf geschafft.«

Es war nur ein Traum, dachte die Krämerin am nächsten Morgen. Aber als sie vor ihren Laden trat, war der Korb verschwunden.
Echte Zauberei ist eben nur möglich, wenn niemand zuschaut. Darum glaubt keiner daran. Die kranke Margerite in ihrem Haus hoch in den Bergen glaubte aber sehr wohl daran.
»Habt herzlichen Dank!«, rief sie am Morgen, als sie auf ihrem Nacht-

tischchen den vollen Einkaufskorb und am Fußende ihres Betts die Männchen von dem Wolkenschiff erblickte.

»Vom Zucker ist nicht mehr ganz alles da«, sagten sie.

»Das macht nichts«, erwiderte Margerite. Sie nahm ein paar Löffel Hustensaft, schluckte fünf Tabletten und machte heiße Zitrone mit Honig.

»Jetzt halten wir ein Festmahl«, sagte sie dann zu den Männchen. »Setzt euch schon mal auf die Fensterbank.«

Sie schob den langen Tisch davor – er war gerade hoch genug – und stellte für die Männchen Untertassen und für sich selbst einen Teller darauf.

Es gab Brotreiterchen mit Honig, Tee mit viel Zucker und als Nachtisch saure Drops.

»Oh, wie fein, wie fein!«, riefen die Zwerge.

»Fahrt ihr nicht mehr mit dem Wolkenschiff?«, wollte Margerite wissen.

»Oh doch«, sagten sie. »Oh doch. Wenn eines kommt.«

»Und wann wird das sein?«, fragte Margerite.

»Im Frühling«, sagten die Männchen. »Nicht im Winter, dann ist keine gute Zeit für Wolkenschiffe.«

»Wollt ihr den Winter über bei mir bleiben?«, fragte Margerite.

»Sehr gern, sehr gern!«, riefen die Männchen.

Sie machten Hausputz, reparierten das undichte Dach, sammelten Reisig zum Feuermachen und kletterten in den Schornstein, um ihn zu fegen. Und jede Woche stapfte Margerite durch den Schnee den gewundenen Weg entlang ins Tal, um im Dorf einzukaufen.

»Drei Beutel Drops bitte«, sagte sie zu der Krämerin.
»Na, du bist mir ja eine Naschkatze«, erwiderte diese.
Margerite verschwieg, dass die Drops für die Männchen waren.
Aber die neugierige Frau ließ nicht locker. »Wer hat dir neulich, als du krank warst, den Einkaufskorb gebracht?«, fragte sie.
»Ach, irgendwer«, antwortete Margerite.
»Und wer hat den Einkaufszettel geschrieben?«, bohrte die Krämerin weiter. »Mit winzig kleinen Buchstaben. Waren das womöglich Zwerge?«
»Kann schon sein«, sagte Margerite.
»Aber Zwerge können doch keinen so schweren Korb den Berg hinauftragen, oder?«
»Tragen nicht«, sagte Margerite. »Vielleicht haben sie ja ein bisschen gezaubert.«
»Hast du das gesehen?«, fragte die Frau.
»Natürlich nicht«, sagte Margerite. »Wenn jemand beim Zaubern zuschaut, funktioniert es nicht.«
»Soso«, sagte die Frau. »Dann war es wohl doch kein Traum.«
Margerite kämpfte sich mit dem Korb den Berg hinauf. Der Schnee lag

hoch, und der Korb war schwerer als sonst, weil jede Menge Schokolädchen darin waren. Darauf waren die Männchen ganz versessen.
»Nett von dir! Nett von dir!«, riefen sie, und bald hatten sie braune Finger und braune Münder vom Naschen.
Schließlich wurde es Frühling, und die ersten großen Wolkenschiffe segelten über den klarblauen Himmel.
»Jetzt will ich mit«, sagte Margerite.

»Ist gut«,
sagten die
Männchen.
Gemeinsam brachten sie das Haus in Ordnung, schlossen die Tür ab und gingen dann zur siebten Biegung des gewundenen Wegs.
Ein blütenweißes Schiff näherte sich. Mit Flaggen und Masten und runden Bullaugen und einem langen Tau, an dem man hochklettern konnte.
»Vorsicht! Vorsicht!«, riefen die Männchen und stimmten mit ihren Fistelstimmen ein Lied an:

»Ein Schiff kommt an,
ein Tau hängt dran,
es nimmt uns mit – juchhe! –
zur blauen weiten Himmelssee.
Und hopp!!!«

Bei »hopp!« schoben die Männchen Margerite am Wolkentau empor, sie brauchte gar nicht zu klettern, es ging wie von selbst, und – *schwups* – stand sie auch schon auf dem Wolkendeck. Es war watteweich wie das bequemste Bett der Welt. Man konnte darauf liegen und sich herumwälzen.
»Hurra!«, riefen die Männchen. Sie waren inzwischen auch an Deck und spähten über die Reling.
Das ist ja seltsam, dachte Margerite, auch sie sehen aus, als wären sie aus Watte, so wie das Schiff und – oh! – ihre Beine werden länger und ihre Köpfe breiter, sie wachsen am Rücken zusammen und nehmen eine andere Gestalt an, werden ein lustiges Tier, nein, ein Riese – oh! – das ganze Schiff wird ein Riese. Und ich selbst bin ein Arm des Riesen geworden,

ganz komisch fühlt sich das an, ein Arm, ein langer, ellenlanger Arm. Adieu, ihr Menschen da unten! Margerite winkte. Und indem sie winkte, löste sich der Arm vom Körper des Riesen und wurde selbst ein Schiff und dann ein Vogel mit Flügeln und dann ein Hund mit Schlappohren, und ein Ohr löste sich und wurde zu einem Pfeife rauchenden Männchen.
»Was für schöne Wolken«, sagten die Dorfbewohner, und auch die Krämerin blickte zum Himmel empor.
»Das ist nun Zauberei, bei der man zusehen kann«, murmelte sie, als das Pfeifenmännchen um die Mitte dick und rund wurde und mit seinen in die Hüfte gestemmten Händen zu einem Einkaufskorb mit Henkeln, aus dem unten zwei krumme Beine hervorwuchsen.
»Das ist kein Traum«, flüsterte die Frau. »Das ist echt.«

Margerites Haus hoch in den Bergen am Ende des gewundenen Wegs steht jetzt leer. Noch immer ist es ordentlich aufgeräumt, und seine Tür ist verschlossen.
Aber eines Tages wird ein großes Wolkenschiff heransegeln, und Margerite wird am Tau herunterrutschen und wieder in ihrem Haus wohnen.
Bis es so weit ist, vergeht noch viel Zeit, denn wer auf einem Wolkenschiff mitfährt, dessen Gestalt verändert sich in einem fort und erst, wenn Margerite wieder ein Mädchen geworden ist, kommt sie zurück.
Dann geht sie, wie gewohnt, jede Woche zum Einkaufen ins Dorf, und vielleicht erzählt sie der Krämerin von ihrer wundersamen Reise.
Schau ab und zu mal nach oben. Gut möglich, dass du dann ihr Schiff vorbeisegeln siehst.

DER GOLDENE BALL

Es waren einmal zwei Kinder, ein Junge und ein Mädchen, die fanden eines Tages im Gras einen Ball. Er war groß und schien aus Gold zu sein. Sogleich begannen sie, damit zu spielen. Das Mädchen warf dem Jungen den Ball zu, der fing ihn und warf ihn zurück, aber er glitt dem Mädchen aus den Händen.

»Noch einmal!«, rief der Junge.

Das Mädchen warf, der Junge fing.

Der Junge warf, aber das Mädchen konnte den Ball wieder nicht fangen.

Sie versuchten es den ganzen Tag lang, aber so vorsichtig, so niedrig und von so Nahem der Junge auch warf, der Ball entglitt dem Mädchen jedes Mal. Und so kräftig, so hoch und von so Weitem das Mädchen auch warf, der Junge fing den Ball jedes Mal auf.

»Ich rolle ihn über den Boden zu dir«, sagte der Junge.

Aber das gefiel dem Mädchen nicht.

»Dann halte dein Kleid auf!«, rief der Junge. »Ich werfe den Ball hinein.«

Das Kleid des Mädchens war lang und dunkelblau. Sie breitete es wie ein Fangnetz aus und tatsächlich: Der Ball landete darin.

Jetzt klappte es wie am Schnürchen. Hin – her, hin – her. Vor jedem Wurf traten die Kinder einen Schritt zurück, sodass der Ball immer weiter und immer höher flog. Er sah wunderschön aus, golden wie die Sonne.

»Was macht ihr da?«, rief plötzlich eine Stimme. »Wer hat euch erlaubt, mit der Sonne zu spielen?«
»Aber das ist doch ein Ball«, entgegnete der Junge. »Wir haben ihn im Gras gefunden.«
»Nein, es ist die Sonne. Sie ist vom Himmel herabgefallen und muss wieder zurück!« Die Stimme kam von weit oben.
Das Mädchen warf, der goldene Ball segelte in einem hohen Bogen durch die Luft, blieb aber nicht am Himmel haften, sondern fiel wieder herab, und der Junge fing ihn auf.
»Höher!«, forderte die Stimme.
Nun warf der Junge, und das Mädchen breitete rasch sein Kleid aus und fing den Ball darin auf.
»Das war nicht hoch genug!«, tönte es.
Das Mädchen warf den Ball zurück.
Aber so sehr die beiden sich auch bemühten und so hoch der glänzende, funkelnde Ball im Bogen über den Himmel flog, er blieb nicht haften, sondern fiel immer wieder herab.
Sie standen nun sehr weit auseinander – das Mädchen im Osten, der Junge im Westen –, und der Ball war tatsächlich die Sonne. Wenn das Mädchen ihn warf, wurde es Tag, und wenn der Junge ihn auffing, wurde es Abend.

Dann breitete das Mädchen sein dunkelblaues Kleid aus, und es wurde Nacht. Warf der Junge die Sonne dann zurück, war diese nur durch Löchlein im Kleid des Mädchens zu sehen, Löchlein so klein wie die Sterne.
Und immerzu forderte die Stimme: »Höher, höher!«
Das Mädchen wurde müde und der Junge ebenso, sie warfen immer kraftloser, und der Bogen, den die Sonne am Himmel beschrieb, wurde mit jedem Wurf niedriger und kürzer. Und mit jedem Wurf war es weniger lang hell, und danach mussten die Kinder ausruhen, eine lange, ellenlange Nacht.
Doch die Stimme ließ nicht locker: »Höher, höher!«, rief sie. »Es wird kalt, es wird Winter!«
»Ich kann nicht mehr«, keuchte der Junge.
»Ich kann auch nicht mehr«, keuchte das Mädchen.
Nur noch kurze Zeit war es Tag, und in den langen dunklen Winternächten, in denen das dunkelblaue Kleid des Mädchens weit ausgebreitet war, ruhten die Kinder aus.
Bis sie wieder Mut geschöpft und Kraft gesammelt hatten und aufs Neue begannen. Hin – her, hin – her. Und jedes Mal stieg die Sonne am Himmel höher. Es wurde wärmer, es wurde Frühling und dann Sommer, aber selbst der allerhöchste Wurf reichte nicht aus: Die Sonne blieb einfach nicht am Himmel haften, und bald wurden die Kinder wieder müde.
So ist es noch heute. Jeden Morgen wirft das Mädchen im Osten die Sonne empor. Du siehst sie über den Himmel ziehen, hoch oben im Sommer, weit unten im Winter. Und jede Nacht wirft der Junge im Westen die Sonne wieder zurück, aber das ist nur durch die Sternenlöchlein im dunkelblauen Kleid des Mädchens zu sehen.
Mitten im Winter sagen die Leute zueinander: Jetzt ruhen die beiden aus. Aber bald fassen sie wieder frischen Mut. Dann beginnt das neue Jahr. Das wird mit Böllern und Raketen gefeiert. Als würden wir rufen: »Höher, höher!«

DAS SCHAUKELPFERD

Das Schaukelpferd war aus Holz, und die Kinder saßen den ganzen Tag auf seinem Rücken. *Galopp-galopp* am Fenster, und die Bäume und Häuser draußen tanzten auf und ab. Nach Spanien ritten die Kinder, nach Afrika und zum Mond.

Das Schaukelpferd aber war traurig. Weil seine Augen aufgemalt waren, konnte es Spanien nicht sehen, und auch Afrika und den Mond nicht. Und es konnte die Kinder nicht beschnuppern, weil seine Schnauze aus Holz war.

Eines Nachts trat eine Fee an das Fenster und verwandelte das Schaukelpferd – »*hokuspokus-hopp!*« – in ein echtes Pferd.
Mit zitternden braunen Flanken stand es im Kinderzimmer. Aus den zwei Betten kam leises Schnarchen, und das Pferd konnte es hören. Es konnte auch das Mondlicht sehen, das von draußen ins Zimmer fiel. Und ebenso die Fee mit ihren Flügeln wie aus feinem Gespinst.
»Habt großen Dank«, sagte es.
»Der Zauber wirkt nur nachts«, sprach die Fee. »Tagsüber bist du weiterhin aus Holz. Und die Kinder dürfen es nicht erfahren.«
»Heißt das, ich werde von nun an jede Nacht lebendig?«, fragte das Pferd.
»So ist es«, sprach die Fee. »Und du darfst auch ins Freie. Aber nicht zu weit weg. Ehe es hell wird, musst du wieder im Kinderzimmer sein.«
»Habt großen Dank«, sagte das Pferd.
In der ersten Nacht ging es in den Park, um zu grasen, in der zweiten Nacht auf die Wiese, um zu galoppieren. Und in der dritten Nacht in den Wald, aber bevor es loslief, beschnupperte es noch rasch die schnarchenden Kinder in ihren Betten.
Tagsüber war es aus Holz, und die Kinder ritten auf seinem Rücken nach Spanien, nach Afrika und zum Mond.
Als das Pferd wieder einmal nachts seine Schnauze an der Wange des Jungen rieb, wurde dieser wach: »Hallo, Schaukelpferd«, sagte er.
Auch das Mädchen wurde wach. »Hallo, Schaukelpferd«, sagte es. »Du bist ja lebendig geworden. Dürfen wir draußen im Freien auf dir reiten?«
»Au ja, jetzt gleich!«, rief der Junge.
Er setzte sich im Schlafanzug vorn auf den Pferderücken und das Mädchen im Nachthemd hinter ihn.
Das Pferd spürte die warmen Körper der beiden Kinder, und es sprang aus dem offenen Fenster.
Der Junge hatte die Arme um den Hals des Pferds gelegt und das Mädchen die seinen um den Hals des Jungen. In schnellem Galopp ging es in den Park. Dort angekommen, wurde das Pferd langsamer, denn der Mond war am Himmel mitgewandert und beschien die Bäume, die blaue Schatten aufs Gras warfen. Ein wunderschöner Anblick.
»Jetzt sind wir in Spanien«, sagte der Junge.

Plötzlich aber tauchte die Fee auf. Sie war wütend. »Die Kinder durften es doch nicht erfahren!«, sagte sie zu dem Pferd. »Zur Strafe verwandle ich dich auf der Stelle wieder in ein Holzpferd.«
Das Pferd ließ den Kopf hängen, und die Kinder fingen an zu weinen.
»Bitte nicht!«, jammerten sie. »Das Pferd soll lebendig bleiben. Es ist so lieb. Wir sagen auch keinem etwas davon.«
»Gut, ausnahmsweise«, sprach die Fee. »Aber nun macht, dass ihr nach Hause kommt. Und lasst euch nie mehr nachts beim Reiten erwischen.«
Das Pferd lief zurück, und die Kinder schlüpften in ihre Betten.
Am Abend darauf konnten der Junge und das Mädchen nicht einschlafen, und als es Mitternacht schlug, vernahmen sie ein Schnauben.
»Bist du wieder lebendig, Schaukelpferd?«, fragten sie.
Das Pferd nickte.
Da sprangen sie aus ihren Betten, streichelten seine Schnauze und kletterten auf seinen Rücken.
»Es war so schön gestern«, flüsterte der Junge in das Pferdeohr. »Wenn du in die andere Richtung läufst, sieht die Fee uns nicht.«
Das Pferd lief in die andere Richtung, und sie kamen auf die Wiese, wo es hohe Sprünge machte. Die Kinder lachten und jubelten, als es zum Sprung über einen Graben ansetzte.
»Da drüben ist Afrika!«, rief der Junge.
Aber drüben stand die Fee. Sie war wütend. »Du solltest die Kinder doch nachts nicht mehr mitnehmen!«, schalt sie das Pferd. »Zur Strafe verwandle ich dich auf der Stelle wieder in ein Holzpferd.«
»Nein, bitte nicht, liebe Fee!«, riefen die Kinder. »Wir machen es ganz bestimmt nie, nie, nie wieder.«
»Das war aber das allerletzte Mal«, sprach die Fee. »Wenn ich euch noch ein einziges Mal nachts beim Reiten erwische, wird das Pferd nie mehr lebendig.«
Am dritten Abend legten die Kinder sich gar nicht erst in ihre Betten, sondern blieben auf dem Schaukelpferd sitzen. Und als die Uhr zwölf schlug, spürten sie, wie der Holzrücken warm und haarig wurde.
»Bleib im Zimmer, Pferd«, sagten sie. »Dreh ein paar Runden auf dem Teppich.«

Aber der Mond schien so herrlich, und die Gerüche der Sommernacht waren so verlockend, dass das Pferd nach drei Runden aus dem offenen Fenster sprang und schnurstracks zum Wald galoppierte.
»Sind wir jetzt auf dem Mond?«, fragte der Junge.
Das Pferd schüttelte den Kopf und blieb stehen, um den Nachtigallen zu lauschen und dem Wind, der in den Baumkronen säuselte.
Nachdem es eine Stunde still dagestanden hatte, durchstreifte es eine weitere Stunde mit den Kindern auf dem Rücken den Wald mit seinen dunklen Schattenstellen und mondhellen Lichtungen. Dann war es Zeit für den Heimweg, weil bald der Morgen dämmern würde.
»Haltet euch gut fest«, sagte das Pferd. »Denn jetzt renne ich so schnell, wie ein Vogel fliegt.«
Vor dem Fenster des Kinderzimmers jedoch stand die Fee. Sie hob die Arme und rief: »Hokuspokus-stopp!« Und als das Pferd ins Zimmer sprang, kam es mit einem lauten Krachen am Boden auf.
»Au!«, riefen die Kinder, denn der Pferderücken war wieder aus Holz.
Seitdem spielen sie nicht mehr mit ihrem Schaukelpferd. Den ganzen Tag steht es reglos da und blickt traurig aus seinen aufgemalten Augen. Nur nachts kommt der Junge manchmal aus dem Bett und schwingt sich auf den Holzrücken. »Hoppe, hoppe Reiter«, singt er leise. Dann tanzt der Mond draußen auf und ab, und der Junge hofft, dass das Pferd ihn dorthin bringen wird.
Aber es ist und bleibt ein Schaukelpferd, und die Fee lässt sich nicht mehr blicken.

DER JUNGE, DER FLIEGEN WOLLTE

»Ich wollte, ich könnte fliegen!«, rief der kleine Mattes immer wieder.
»Mag sein, Junge, aber das geht nun einmal nicht«, sagte seine Mutter dann. »Du bist ja kein Vogel.«
Ein Vogel wollte Mattes auch gar nicht sein, sondern ein Junge mit Flügeln, der über die Bäume und die Häuser hinwegfliegen und auf die vielen Menschen in den Straßen hinabschauen konnte.
»Wenn du größer bist, darfst du in einem Flugzeug fliegen«, versprach die Mutter. Aber das war nicht nach Mattes' Sinn: Er wollte nicht in einem Flugzeug sitzend durch die Luft fliegen, sondern im Freien mit seinen eigenen Flügeln.

Wenn es doch bloß ein Zaubermittel geben würde, dachte er. Von dem trinkt man, und dann wachsen einem am Rücken Flügel.

Aber solch einen Zaubertrank gebe es nicht, hatte seine Mutter gesagt.

Manchmal probierte Mattes es einfach mit den Armen. Er lief ganz schnell den Bürgersteig entlang, schwenkte die Arme auf und ab und sprang dabei in die Höhe. Auf diese Weise hoffte er aufzusteigen. Aber vergebens. Er prallte lediglich mit einem Mann zusammen, der rief: »Aber Junge, was tust du denn da?«

»Ich versuche zu fliegen«, antwortete Mattes.

»Dazu musst du erst Flügel überziehen«, sagte der Mann.

Mattes starrte ihn mit offenem Mund an. »Flügel überziehen? Geht das denn?«

»Aber sicher geht das. Hast du keine Flügel?«

»Nein. Aber ... aber ...«, stammelte Mattes.

»Dann musst du zu Frau Heesters gehen. Die hat welche.«

»Flügel?«

»Ja.«

»Wirklich wahr?«

Aber der Mann war bereits weitergegangen.

Mattes rieb sich die Augen und stellte dann zu seinem Erstaunen fest, dass er vor Frau Heesters' Haus stand.

Er klingelte.

Eine gebeugte alte Frau öffnete die Tür. Mit ihrer großen Brille ähnelte sie einer Eule.

»Möchtest du Flügel, Jungchen?«, fragte sie mit schnarrender Stimme.

»Ja, bitte«, sagte Mattes schüchtern.

Die Frau führte ihn zu einem Schuppen in ihrem Garten. Dort roch es nach Hühnerstall, und überall lagen Federn. Sie kramte in einer Ecke herum und murmelte: »Kleine Größe, kleine Größe.«

Dann trat sie zu Mattes, hielt ihm ein Paar Flügel hin und musterte ihn scharf durch ihre Eulenbrille. »Diese hier?«, fragte sie.

Die Flügel waren aus blütenweißen Federn und so lang wie Gardinen.

»Oder möchtest du lieber farbige?«, fuhr sie fort.

»Ja, farbige«, sagte Mattes. »Mit viel Rot dabei.«

»Ist gut.« Frau Heesters suchte ein anderes Flügelpaar hervor. Dann fragte sie: »Bist du sicher, dass du Flügel möchtest, Jungchen?«

»Ja.«

»Dir ist aber schon klar, dass du dann keine Arme mehr hast, oder?«

»Egal, ich will fliegen«, sagte Mattes.

»Bist du dir auch wirklich ganz sicher?«

»Ja.«

Daraufhin traten sie aus dem Schuppen und Frau Heesters streifte die Flügel über Mattes' Arme.

Ein komisches Gefühl war das! So schluffig und schlabbrig, als wäre er plötzlich aus Gummi und müsste gleich fallen.

Mattes breitete die Arme aus. Aber es waren keine Arme mehr, sondern Flügel, und statt umzufallen, stieg er auf.

»Hilfe!« Mattes schlug wild um sich, als wäre er im Wasser gelandet. Dadurch stieg er aber nur noch weiter empor. Höher und höher.

Er flog.

»Oh, ich fliege!«, rief er.

»Seht nur, seht! Ich fliege!«

Wie ein riesenhafter Vogel schwebte Mattes über den Bäumen und den Häusern. Ein Vogel mit kurzer Hose und Hemd und mit farbigen Flügeln. Aber niemand bemerkte ihn, weil niemand hochschaute.

Mattes zog weite Kreise. Unter sich sah er viele Menschen in den Straßen, außerdem Autos, Busse und Fahrräder. Es war ein Gewimmel wie in einem Ameisenhaufen. Mattes sah rote Ziegeldächer und schiefe Schornsteine, und er sah den Park mit dem spiegelnden Teich.

Ist das herrlich!, dachte er. Jetzt kann ich überallhin fliegen. Zuerst fliege ich nach Bussum.

Er flog und flog, und nach einer Weile sah er Bussum von oben. Die Stadt und die Heide und die Wälder ringsum. Und den hohen Wasserturm. Auf diesem landete er, um auszuruhen. Als er Hunger bekam, machte er sich auf den Heimweg.

»Wo hast du so lange gesteckt?«, fragte seine Mutter.

»Ich bin ein bisschen herumgeflogen.«

»Aber Junge!« Und dann sagte sie gleich noch einmal: »Aber Junge!« Denn sie hatte die Flügel entdeckt, die Mattes auf seinem Rücken zusammengelegt hatte. »Wo hast du die denn her?«, fragte sie.

Da erzählte Mattes, was sich zugetragen hatte.

»Nicht zu fassen…« Die Mutter schüttelte den Kopf und stellte ihm dann einen Teller mit Essen hin.

Mattes war inzwischen mächtig hungrig. Er wollte die Gabel nehmen. Aber mit einem Flügel kann man keine Gabel festhalten. Er kam sich vor, als wären seine Hände am Rücken gefesselt.

»Tja, nun musst du auch wie ein Vogel essen«, sagte die Mutter. »Mit dem Mund direkt vom Teller.«

Mattes beugte sich weit vor und geriet mit der Nase in die Bratensoße. Er konnte sie nicht einmal abwischen.

Als es Schlafenszeit war, konnte er sich nicht ausziehen. Auf dem Rücken liegen ging auch nicht, auf der Seite ebenso wenig. Mattes musste wohl oder übel auf dem Bauch schlafen.

Am nächsten Morgen musste er rückwärts die Treppe hinunter, mit dem Kinn die Küchentür aufklinken, mit den Zähnen eine Scheibe Brot nehmen, mit dem Messer im Mund Butter darauf streichen und sich schließlich auf den Tisch knien, um an die Marmelade heranzukommen. Dabei verlor er das Gleichgewicht und fiel mit dem Gesicht in die Schale mit den Schokoladenstreuseln.

»Mama, ich will keine Flügel mehr!«, sagte Mattes.

»Dann gehen wir zu Frau Heesters«, sagte seine Mutter.

Das taten sie.

Frau Heesters meinte: »Das dachte ich mir schon!« Und sie zog Mattes die Flügel ab.

»Nie mehr will ich fliegen!«, ruft Mattes seitdem. Und dann zwickt er sich in die Hände. Denn ein Junge sein und Flügel haben, das geht nun einmal nicht.

WARUM OLIVIA SO VIEL SALAT Aẞ

Olivia hatte gehört, dass Raupen erst jede Menge grüne Blätter fressen und danach, mit Fäden umwickelt, ganz lange schlafen. Und beim Aufwachen sind sie keine Raupen mehr, sondern Schmetterlinge.

Ein Schmetterling werden, das möchte ich auch gern, dachte Olivia. Ein Schmetterling mit großen bunten Flügeln. Und nach Belieben herumflattern und ab und zu auf einer Blume ausruhen.
Sie traute sich aber nicht, jemandem von ihrem Wunsch zu erzählen. Denn bestimmt würde man sie auslachen und sagen: »Haha, ein Mädchen kann doch kein Schmetterling werden!«
Aber vielleicht ging es ja doch ... wenn sie viele Blätter aß und danach lange schlief.

Grüne Blätter schmecken scheußlich. Olivia probierte ein Eichenblatt, aber es war so bitter, dass sie es sofort ausspuckte. Igitt! Das Kastanienblatt schmeckte noch scheußlicher. Buchenblatt, Birkenblatt, Grashalm, Hahnenfuß – alles igitt!

Aber plötzlich wusste Olivia, was sie essen konnte. »Mama, gibt es heute Abend Salat?«, fragte sie.

»Möchtest du das denn, Kind?«

»Ja, Mama, weil – ich meine: Ich mag Salat ganz furchtbar gern.«

Davon hatte die Mutter bisher nichts gemerkt. »Na gut«, sagte sie, »Salat ist gesund. Also gibt es heute welchen.«

Olivia lud sich ihren Teller ganz voll. Ob sie die große Portion schaffen würde? Sie kaute und kaute, wie es auch die Raupen taten.

»Na so etwas!«, sagte ihre Mutter. »Dass es dir so schmeckt! Soll ich morgen wieder Salat machen?«

Olivia nickte.

Die ganze Woche gab es zum Abendessen Salat, und jedes Mal aß Olivia einen großen Teller davon, wie eine echte Raupe.

Und jetzt muss ich ganz lange schlafen, dachte sie, nachdem ihre Mutter sie zu Bett gebracht hatte. Sie rollte sich in die Decke ein, bis diese ganz eng um den Körper lag, und schloss die Augen.

Vielleicht bin ich morgen schon ein Schmetterling, dachte sie, oder übermorgen.

Aber als ihre Mutter sie weckte, war Olivia noch immer Olivia. Nicht einmal die Spur eines Flügels fühlte sie am Rücken.

Am Abend aß sie noch mehr Salat als sonst. Aber es half nichts.

Olivia überlegte, ob es daran liegen könnte, dass sie nicht mit Fäden umwickelt war.

Am nächsten Abend zwickte sie sich immer wieder in den Arm, um wach zu bleiben, bis ihre Eltern schlafen gegangen waren. Dann schlich sie ins Wohnzimmer, nahm ein dickes Wollknäuel aus dem Strickkorb, holte aus dem Kühlschrank einen Kopf Salat und schlich wieder in ihr Zimmer.

Zuerst aß Olivia den Salat. *Happ-happ*, grüne Blätter ohne alles. Es schmeckte nicht. Nur echte Raupen mögen so etwas. Dann umwickelte sie sich mit Wolle. Erst die Füße, dann die Beine, dann den Bauch und schließlich den

Hals und den Kopf – mit einem endlos langen Faden. Am Ende schaute nur noch ihre Nasenspitze heraus. Und so ließ Olivia sich auf ihr Bett fallen. Jetzt sehe ich wie eine echte Raupe aus, dachte sie, jetzt klappt es bestimmt. Und sie schlief ein.

Mit einem Mal erklang Vogelgezwitscher um sie herum. Und helles Licht schimmerte durch die Fadenhülle. Olivia reckte und streckte sich. *Ratsch!* Die Fäden rissen, und sie lag auf dem Bauch im Gras.

Wie bin ich hierhergekommen?, dachte sie. Und was spüre ich da am Rücken? Komisch … Sie drehte den Kopf ein wenig zur Seite und stieß einen Freudenschrei aus.

Sie hatte Flügel: große schöne bunte Flügel. Echte Flügel, die sie bewegen konnte. Und das tat Olivia. Sie klappte die Flügel auf und zu, auf und zu. Immer schneller und *hui!* erhob sie sich in die Lüfte.

»Ein Schmetterling, ich bin ein Schmetterling!«, jubelte sie. »Ein wunderschöner Schmetterling, hurra!«
Sie flatterte durch den Garten. Die Blumen waren so groß, dass sie bequem darauf sitzen konnte. Aber halt – nein! Ich selbst bin kleiner geworden, dachte Olivia. Ich bin jetzt ein gewöhnlicher, aber wunderschöner Schmetterling.
»Hurra!«, rief sie wieder. Und sie gaukelte zum blauen Himmel empor, sodass die Sonne ihre Farben zum Leuchten brachte. Dann ging es wieder abwärts, und sie landete auf einer lila Aster.
Dort saß eine Biene.
»Verschwinde!«, knurrte die Biene, »oder ich steche dich!«
Olivia floh zu der letzten Rose, die noch blühte.
Dort saß eine Hummel.
»Besetzt!«, rief die Hummel, »kein Platz mehr!«
Olivia flog weiter. Sie wurde müde und wollte sich auf ein Gänseblümchen im Gras setzen, doch da tauchte eine Wespe auf.
»Aus dem Weg, Fräuleinchen!«, brummte die Wespe, »flieg woandershin mit deinem Flatterflappern.«
Die sind aber gar nicht nett, dachte Olivia und flog zur Hauswand, um ein wenig auszuruhen.
Plötzlich merkte sie, dass sie direkt unter dem Fenster ihres eigenen Zimmers saß. Aber schon ertönte eine giftige Stimme: »Den Platz hier brauche ich für mein Netz!« Eine dicke Spinne stürzte sich auf Olivia und schubste sie weg. So grob, dass Olivia fiel. Vor lauter Schreck vergaß sie, mit den Flügeln zu schlagen, und landete unsanft auf dem Boden. *Bauz!*
Und wieder erklang eine Stimme: »Aber Olivia, was ist denn?«
Es war Mama.
Olivia lag als Wollpuppe neben ihrem Bett, und an ihrer Wange klebte ein Stückchen Salatblatt. Sie hatte nur geträumt.
Da erzählte Olivia ihrer Mutter, warum sie so viel Salat gegessen hatte.
»Mein kleines Dummerchen«, sagte die Mutter. »Ein Mädchen kann doch kein Schmetterling werden.«
Das hat Olivia seitdem auch nie mehr versucht. Aber jedes Mal, wenn sie einen Schmetterling sieht, denkt sie: irgendwie schade.

DAS SCHÖNSTE HAUS DER WELT

Es waren einmal ein alter Mann und eine alte Frau,
die wohnten zusammen in einem kleinen Haus.
Darin stand ein Tisch mit zwei Stühlen und
ein Bett und ein Körbchen für die Katze.
»Mehr brauchen wir auch nicht«,
sagte die Frau. »Alles andere
wäre uns nur zur Last.« Und
sie machte es sich mit der
Katze auf dem Schoß
in der Sonne
bequem.

Eines Tages aber war das Geld aufgebraucht, und sie mussten die zwei Stühle verkaufen.
»Die brauchen wir im Grunde gar nicht«, sagte die Frau. »Wir können auch auf dem Bett sitzen, das ist viel weicher.« Und sie schob den Tisch ans Bett.
»Na, wenn das nicht gemütlich ist!«, sagte sie und ging ins Freie, um sich mit der Katze auf dem Schoß in die Sonne zu setzen.
Eines Tages aber war das Geld wieder aufgebraucht, und sie mussten den Tisch verkaufen.
»Wozu braucht man einen Tisch?«, sagte die Frau. »Wenn wir ohnehin auf dem Bett sitzen, können wir genauso gut von der Zudecke essen. Und wie viel Platz wir auf einmal haben!« Sie tanzte mit der Katze auf dem Arm durchs Zimmer.
Nach einer Woche aber war von dem Geld nichts mehr übrig.
»Ich bekomme nirgends Arbeit, mit der ich etwas verdienen könnte«, sagte der Mann.
»Das macht nichts«, erwiderte die Frau. »Lass uns das Bett verkaufen. Wir können genauso gut auf dem Boden schlafen. Das ist gesund und gut für den Rücken, der wird sonst nur krumm.« Und sie ging mit der Katze auf die grüne Wiese und flocht aus Grashalmen eine Zudecke, die sie mit Gänseblümchen verzierte. Wunderschön sah sie aus.
Als aber das Geld, das sie für das Bett bekommen hatten, aufgebraucht war und der Mann immer noch keine Arbeit finden konnte, blieb nur noch das Katzenkörbchen zu verkaufen.
»Im Grunde ist das eine gute Idee«, sagte die Frau. »Dann kann die Katze zwischen uns beiden schlafen. Da hat sie es mollig warm und behaglich.«
Für das Katzenkörbchen bekamen sie jedoch nur einen Gulden, und der war nach einem Tag aufgebraucht.
»Frau«, sagte der Mann, »sollen wir die Katze verkaufen?«
»Nein, die Katze verkaufen wir nicht«, antwortete die Frau. »Besser, wir verkaufen unser Haus. Es ist ohne Tisch und Stühle und Bett und Katzenkörbchen ohnehin zu groß für uns. Wir ziehen in eine gemütliche Hütte.«
Also verkauften sie das Haus, und von dem Geld konnten sie ein ganzes Jahr in einer Hütte wohnen.
»Herrlich ist das«, sagte die Frau. »So schön klein. Alles in Reichweite. Und

viel weniger zu putzen.« Sie setzte sich vor die Hütte in die Sonne und nahm die Katze auf den Schoß.

Aber als das Jahr um war, mussten sie die Hütte verkaufen und hatten keine Bleibe mehr.

»Ich weiß etwas«, sagte die Frau. »Ich mache uns ein Haus aus Papier. Das geht ganz einfach und kostet wenig.«

Drei Tage lang war sie damit beschäftigt, Papier zurechtzuschneiden. Sie fertigte eine Haustür mit Bogen und Fenster mit Sprossen und Spitzengardinen. Außerdem eine Küche mit Schränkchen und einem Herd und ein Zimmer mit einem Tisch und zwei Stühlen und einem Bett. Dazu noch ein Körbchen für die Katze.

»Das wird richtig heimelig«, sagte die Frau, als sie alles zu einem Haus zusammenklebte. Vorn bekam es einen Giebel, den sie *schnipp-schnapp* mit allerlei Verzierungen versah.

Ganz vorsichtig, damit nichts zerriss, bezogen die Frau und der Mann ihr neues Haus.

»Aber was wird, wenn es regnet?«, fragte der Mann.

»Dann basteln wir uns ein neues Haus«, antwortete die Frau. Vergnügt klatschte sie in die Hände und streichelte die Katze in ihrem Körbchen aus Papier.

Es regnete nicht. Stattdessen kam Wind auf. *Hui-hui* heulte der Wind und wurde immer stärker. Schließlich erfasste er das Papierhaus und wirbelte es durch die Luft.

»Schau nur, Mann, jetzt fliegen wir auch noch!«, rief die Frau. »Ist das nicht herrlich? Wie schön die Welt da unten aussieht!« Und sie ließ die Katze durch das Papierfenster blicken.

»Gleich stürzen wir ab!«, rief der Mann besorgt.

»Ja!«, jubelte die Frau. »Und wer weiß, wo wir landen!«

Der Wind trug sie sehr weit weg. Bis in ein Land, in dem immer die Sonne schien. Dort setzte er das Papierhaus im Garten eines Palasts ab. Dem König, der in dem Palast wohnte, gefiel das Papierhaus so gut, dass es stehen bleiben durfte.

Von nah und fern kamen Leute, um es zu bestaunen: Es war das schönste Haus der Welt.

Der alte Mann und die alte Frau aber durften im Palast wohnen. Die Katze ebenfalls, sie bekam ein richtiges Körbchen.

Aber darin lag sie nie. Nachts schlief sie zwischen der Frau und dem Mann, wo sie es mollig warm und behaglich hatte, und tagsüber saß sie auf dem Schoß der Frau. Auf der Treppe vor dem Palast. In der Sonne.

DIE DREI ZWERGE

Drei Zwerge tanzten auf der Heide. Es war Nacht, und der Mond stand schweigend am Himmel. Die Zwerge hielten sich bei den Händen, tanzten im Kreis herum und sangen dazu:

»Das ganze Jahr sind wir aus Stein.
Doch sommers bei des Vollmonds Schein
erwachen wir um Mitternacht
für eine Stunde, wohlbedacht.«

Als das Lied zu Ende war, holte jeder der drei etwas hervor: der erste eine Ziehharmonika, der zweite eine Rohrflöte und der dritte eine Trommel mit zwei Stöcken.
»Und jetzt üben wir wieder«, sagte der erste Zwerg.
»Ja, jetzt wird wieder geübt«, sagte der zweite.
»Ach je, hoffentlich klappt es mit meiner Trommelei«, sagte der dritte mit einem Seufzer.
Sie zählten »eins, zwei, drei« und fingen an zu spielen.
Tirili-tirila-tirilei machte die Flöte, *humpapa hum-pa-pa rooo ruuu rooo* die Ziehharmonika und *ticke-tocke-tong* die Trommel.
Als sie ihr Stück kaum halb gespielt hatten, ging es schief. Der Harmonikazwerg drückte eine falsche Taste, ein Misston erklang, und sie hielten inne.
»Gleich noch einmal von vorn!«, rief er.
Wieder zählten sie »eins, zwei, drei«, und wieder machte es *tirili* und *humpapa* und *ticke-tocke,* aber dann vertat sich der Trommelzwerg, und alle gerieten aus dem Takt.
»Zu dumm! Zu dumm!«, rief er. »Wir schaffen es nicht!«
Die anderen schwiegen dazu.
Und dann begannen sie von Neuem.
Diesmal ging es lange gut, und es klang schön. Der Flötenzwerg dachte: Wenn bloß keiner von uns einen Fehler macht! Vor lauter Nervosität blieb ihm auf einmal die Luft weg, als er einen hohen Ton spielen wollte. So ging es wieder schief.
»Wir lernen es nie!«, rief er jammernd und warf seine Flöte auf den Boden. »Nie, nie, nie! Eine einzige Stunde im Jahr haben wir! Aber das reicht nicht! Und bald werden wir wieder zu Stein!« Er weinte mit langen Schluchzern – »Buuu-huuu-huuu!« – und bekam rote Augen.
»Hör auf zu heulen und nimm deine Flöte«, sagten die zwei anderen. »Lass uns neu anfangen. *Ein Mal* muss es doch klappen! Los!«
Aber der Flötenzwerg konnte sich einfach nicht beruhigen. Noch immer bitterlich weinend, wurde er kurz darauf hart. Und kaum schlug die Turmuhr in der Ferne eins, lagen er und seine Gefährten als reglose Steine auf der Heide.
Ein Jahr verstrich, und als der Sommervollmond orangefarben aufging, langsam gelb wurde und schließlich genau im Süden stand, begannen

die Steine sich zu regen. Gleich darauf standen wieder drei Zwerge da. Sie tanzten im Kreis herum und sangen:

»Das ganze Jahr sind wir aus Stein.
Doch sommers bei des Vollmonds Schein
erwachen wir um Mitternacht
für eine Stunde, wohlbedacht.«

Danach holten sie Harmonika, Flöte und Trommel hervor, um ihr Musikstück zu üben.

»Wie wäre es, wenn erst jeder für sich allein spielt und danach wir alle zusammen?«, schlug der dicke Harmonikazwerg vor.

So machten sie es, und Hamol – so hieß der Dicke – fing an: *Humpapa hum-pa-pa rooo ruuu rooo.*

Es klappte hervorragend, er spielte das ganze Stück ohne einen einzigen Fehler.

»Hurra!«, rief er. »Jetzt du!« Er nickte Cies, dem kleinsten Zwerg, zu.

Tirili-tirila-tirilei flötete dieser. Den schwierigsten Triller spielte er gleich dreimal nacheinander, und nicht ein Mal ging es schief.
»Oh fein, oh fein!«, rief er und sprang vor Freude auf und ab.
»Jetzt du, Amol!«, forderten Hamol und Cies den dritten Zwerg auf.
Ticke-tocke-tong machte es, und zwischendurch schlug der Trommelzwerg auf einen herumliegenden rostigen Topfdeckel, dass es laut schepperte.
»Prächtig!«, riefen alle drei. »Prächtig und genau im Takt! Jetzt zusammen!«
»Wenn es klappt, sind wir frei! Dann dürfen wir zurück zu unseren Gefährten. Hurra!« Cies vollführte wilde Sprünge.
»Hör auf und spiel!« Hamol und Amol hielten ihn an der Jacke fest.
»Eins, zwei, drei – und los geht's!«
Die Zwerge begannen. Das Zusammenspiel klappte hervorragend, und die tiefen Töne der Ziehharmonika schallten weit über die Heide.
Sie hatten bereits die Hälfte geschafft und sich kein einziges Mal verspielt. Jetzt kam der schwierige Flötentriller. *Tirililalei-tirililalei-tirililalei* flötete Cies ohne jeden Fehler.
Oh fein, oh fein, es ist gutgegangen!, dachte er. Durch die Anspannung zitterte er ein wenig, deswegen gerieten auch die nächsten Töne ein wenig zittrig. Das durfte nicht sein! Cies kniff die Augen zusammen und versuchte, das Zittern zu unterdrücken und nicht daran zu denken, aber gerade darum dachte er umso stärker daran, und als er eine lange Note blasen wollte, ging es prompt wieder schief.
»Cies, du Dummkopf!«, schalten Hamol und Amol. »Du hast es schon wieder verpatzt!«
»Ich habe nicht gleichmäßig blasen können, weil ich so nervös war!«, rief Cies.
Sie stritten herum, bis Amol sagte, es wäre gescheiter, noch einmal neu anzufangen, ehe die Stunde um war.
Also versuchten sie es aufs Neue, und wieder unterlief Cies ein Fehler.
Beim fünften Versuch wurden Hamols Finger plötzlich steif. Gleich darauf verklang die Musik. Und nach den letzten Tönen lagen dort, wo die drei Zwerge gestanden hatten, wieder drei reglose Steine auf der verlassenen Heide.
Ein weiteres Jahr verstrich. Im Herbst prasselte der Regen auf die Steine, im Winter legte sich eine kalte weiße Decke darüber, im Frühling brachte der

laue Wind den Schnee zum Schmelzen. Dann hielt endlich der Sommer Einzug.
Mitten im Sommer geschah es, dass ein Wanderer sich auf der Heide verirrte. Die Sonne ging unter, bevor er den richtigen Weg gefunden hatte, und als der Mond emporstieg, beschloss der Mann, die Nacht im Freien zu verbringen. Er legte sich hin und schlief ein. Nach einer Weile jedoch weckte ihn Gesang. Dreistimmiger Gesang:

»Das ganze Jahr sind wir aus Stein.
Doch sommers bei des Vollmonds Schein
erwachen wir um Mitternacht
für eine Stunde, wohlbedacht.«

Der Wanderer setzte sich leise auf und sah, wie die Zwerge in einiger Entfernung im Kreis herumtanzten und danach eine Rohrflöte, eine Ziehharmonika und eine Trommel hervorholten. Er wurde neugierig und rutschte auf dem Bauch näher heran.
»Diesmal geht es bestimmt gut«, sagte eines der drei Kerlchen. »Aufgepasst, es geht los: eins, zwei, drei!«
Und sie begannen, ein Stück zu spielen. Fehlerfrei und wohltönend.
Herrlich, diese Musik!, dachte der Wanderer und näherte sich noch ein Stück weiter. Auf einmal kitzelte ihn ein Heidekrautzweig an der Nase, und er musste niesen: »Ha-tschiii!«
Die Zwerge, die ihr Stück fast zu Ende gespielt hatten, zuckten zusammen und hielten inne.
»Wer war das?«, rief Hamol.
»Wer stört uns?«, rief Amol.
»Es ist der Zauberer!«, rief Cies. »So eine Gemeinheit! Wir hatten es beinahe geschafft!« Er warf seine Rohrflöte auf den Boden und begann bitterlich zu weinen.
Der Mann stand auf und ging zu den dreien.
»Ich bin ganz gewiss kein Zauberer«, sagte er. »Ich habe dagelegen und euch zugehört, und plötzlich hat meine Nase gejuckt. Es tut mir sehr leid. Ich werde euch nicht noch einmal stören.«

»Was für ein Mensch bist du, dass du dich mitten in der Nacht auf der Heide herumtreibst?«, fragte Hamol ärgerlich.
»Was hast du hier zu suchen? Leg dich zum Schlafen in dein Menschenbett!«, rief Amol noch ärgerlicher.
»Alles deine Menschenschuld!«, jammerte Cies. »Ohne dich hätten wir unser Stück fehlerfrei gespielt und müssten keine Steine mehr sein.«
»Steine?« Der Wanderer kauerte sich hin, um den Zwergen ins Gesicht sehen zu können. »Warum habt ihr mich für einen Zauberer gehalten, und warum solltet ihr Steine sein? Ihr bewegt euch doch.«
»Eine Stunde nur!«, schluchzte Cies. »Wir sind nämlich verzaubert. Und nur wenn wir unser Musikstück ohne Fehler zu Ende gespielt haben, werden wir erlöst.«
»Ist das Stück schwierig?«, erkundigte sich der Mann.
»Und ob«, antwortete Hamol. »Cies muss auf seiner Flöte ein paar Läufe spielen, die er einfach nicht hinkriegt.«
»Pah! Du selbst kommst genauso oft aus dem Takt«, sagte Amol zu Hamol.
»Aber nur, weil du nicht trommeln kannst!«, gab Hamol zurück.

»Nun streitet doch nicht«, sagte der Wanderer. »Spielt mir das Stück einmal vor. Was ich vorhin gehört habe, hat mir sehr gefallen.«
Damit waren die Zwerge einverstanden. Cies hob seine Flöte vom Boden

auf, Hamol rückte die Harmonika vor seinem Bauch zurecht, und Amol griff zu den Trommelstöcken.
»Eins, zwei, drei«, zählte der Wanderer und setzte sich bequem hin.
Dann musizierten die drei Zwerge im Mondschein auf der Heide vor einem Menschen, den die Klänge so entzückten, dass er die Augen schloss. »Sehr gut«, flüsterte er, »ganz prächtig, fein macht ihr das und… he, warum hört ihr auf?«
Nach einem schrillen Flötenton, einem dumpfen Trommelschlag und einem kläglichen Seufzer der Harmonika war die Musik urplötzlich verstummt. Im nächsten Augenblick schlug die Turmuhr in der Ferne eins. Der Wanderer machte die Augen auf und sah, dass dort, wo die drei Zwerge gestanden hatten, drei Steine lagen.
»Ihr armen Kerlchen«, murmelte er mit Tränen in den Augen.

Als der verirrte Wanderer am nächsten Morgen von der Sonne wach wurde, dachte er bei sich: Ich kann die drei doch nicht einfach hier liegen lassen. Am besten, ich nehme sie mit nach Hause und bewahre sie sicher auf. Sogleich lud er sich den ersten Stein auf den Rücken. Er keuchte unter der schweren Last, als er endlich den Rückweg fand.
Erst gegen Mittag erreichte er sein Haus, legte dort den Stein auf den Teppich vor dem Kamin und ging zurück, um den zweiten zu holen. Auch ihn schleppte er auf dem Rücken nach Hause, und am Tag darauf holte er den dritten.
Den ganzen Herbst, den ganzen Winter und den Frühling über lagen die Steine in der Stube vor dem Kamin. Wenn es sehr kalt war, breitete der Mann eine Decke über sie für den Fall, dass der Zauberbann zwischendurch nachließ.

Als es Hochsommer wurde und der Mond sich gerundet hatte, ließ der Wanderer drei Musikanten kommen.
»Ihr werdet heute Nacht Unterricht geben«, sagte er zu ihnen.
»Wem denn?«, fragten sie.
»Diesen Steinen.« Der Mann deutete auf die drei Steine vor dem Kamin.
Die Musikanten lachten, weil sie glaubten, das Ganze wäre ein Scherz. Doch als die Uhr zwölf schlug, kam Leben in die Steine. Mit Gepolter richteten sie sich auf. Sie teilten sich unten in zwei Beine, seitlich stülpten sich Arme heraus und oben ein Kopf.
Dann standen drei Zwerge in der Stube.
»Wo sind wir?«, rief Hamol.
»Was hat das zu bedeuten?«, fragte Amol.
»Man hat uns gefangen!«, jammerte Cies.
Da kauerte der Mann sich vor sie hin. »Ihr kennt mich sicherlich noch«, sagte er freundlich. »Ich möchte euch helfen. Hier sind drei Musikanten, die mit euch das Stück einstudieren.«
Die Zwerge schauten mürrisch drein und die Musikanten höchst verwundert, doch der Wanderer trug ihnen auf, sogleich anzufangen.
Jeder Zwerg spielte zunächst seinen Part allein – keinem unterlief ein Fehler.
»Aber sobald wir zusammenspielen, geht es schief«, sagte Cies.
»Jaja«, sagten die Musikanten. »Aber nun wartet erst einmal ab.« Und sie nahmen die Harmonika, die Flöte und die Trommel und spielten zusammen das Stück der Zwerge. Es klappte nicht auf Anhieb, aber weil die Musikanten sich auf ihre Kunst verstanden, ging es beim zweiten Mal schon besser, und schließlich klang das Stück genauso, wie es sollte: Jeder Flötenlauf stimmte, jeder Trommelschlag saß, und auch bei der Harmonika schlich sich kein einziger Misston ein.
Die Zwerge waren zunächst sprachlos.
»Junge, Junge«, murmelten Hamol und Amol dann, und Cies rief: »Genau so muss es klingen! Ganz genau so! Jetzt wir!«
Aber kaum hatte er das gesagt, wurden alle von einem grellen Lichtblitz geblendet, es knallte ohrenbetäubend, und ein furchterregender Zauberer stand vor ihnen.

»Das ist Betrug!«, schrie er mit einer Stimme wie Donnerhall. »Ihr habt nicht selbst gespielt, das habe ich gesehen!«
»D-d-d…«, stotterte Cies. »D-d-das wollten wir g-g-gerade.«
»Soso!«, rief der Zauberer. »Dann fangt an, ich höre!« Er setzte sich breitbeinig auf den besten Sessel, schlug seinen Mantel über die Knie und lehnte sich zurück.
Vor Angst zitternd, griffen die Zwerge zu Flöte und Trommel und Harmonika und fingen an zu spielen, während der Wanderer und die Musikanten noch mit offenen Mündern dastanden. Aber ihr Staunen wandelte sich rasch in Mitleid, als die Zwerge einen Fehler nach dem anderen machten. Einmal kamen die Trommelschläge zu schnell, dann war ein Flötenton zu hoch, und ein andermal war alle Luft aus der Harmonika entwichen, sodass kein Laut herauskam.
»Das war wohl nichts!« Der Zauberer lachte höhnisch. »Fangt neu an. Sieben Minuten habt ihr noch.«
Vor lauter Aufregung und Angst spielten die armen Zwerge noch schlechter als vorher, ihre Musik hörte sich an wie das Miauen einer kranken Katze.
Dann schlug die Uhr eins. Der Zauberer erhob sich. »Bis zum nächsten

Jahr!«, rief er, wieder knallte es ohrenbetäubend, und er war fort. Und auf dem Teppich vor dem Kamin lagen drei reglose Steine.

Der Wanderer aber wollte nicht aufgeben. Als im Sommer darauf der Mond voll war, bestellte er die Musikanten erneut zu sich. Und kaum war um

Schlag zwölf Leben in die Steine gekommen – Hamol, Amol und Cies blinzelten noch ins Lampenlicht –, da trug er den Musikanten auch schon auf, einzeln mit den Zwergen zu üben, jeweils in einer anderen Ecke der Stube. Hamol musste sein *Humpapa hum-pa-pa rooo ruuu rooo* so lange spielen, bis er es drei Mal nacheinander fehlerlos schaffte. Amol brauchte fünf Anläufe, bis er sein *Ticke-tocke-tong* beherrschte, und Cies übte seine Flötenläufe so oft, dass er vor Anstrengung lila anlief.

»Jetzt zusammen!«, riefen die Musikanten. Die Zwerge nahmen Aufstellung, und der Wanderer zählte: »Eins, zwei, drei!«

Aber oh weh! Weil jeder so lange für sich allein geübt hatte, wollte es mit dem Zusammenspiel nicht klappen. Hamol war zu langsam und Cies zu schnell.

»Noch einmal von vorn!«, befahlen die Musikanten, und als die Zwerge begannen, zählten sie laut mit: »Eins, zwei, drei und eins, zwei, drei und eins, zwei, drei.« Das wiederum brachte Amol so durcheinander, dass er sich beim Trommelschlagen vertat.

»Noch einmal!«, riefen die Musikanten ungeduldig. »Wir schlagen den Takt!«

Nun mussten die Zwerge beim Spielen auf die Musikanten achten, und das brachte alle drei so sehr durcheinander, dass sie kaum mehr eine Note richtig spielten.

Die Musikanten wurden wütend. Sie nannten die Zwerge Schafsköpfe und Esel. »Ihr lernt es nie!«, schimpften sie. »Solche Trottel unterrichten wir nicht!« Sie setzten ihre Hüte auf und verließen mit großen Schritten das Haus.

»Was für garstige, ungeduldige Burschen«, seufzte der Wanderer. »Aber macht euch nichts draus. Jetzt, da sie fort sind, geht es vielleicht besser.«

Aber Hamol, Amol und Cies konnten nur noch schluchzen. Das taten sie, bis die Uhr eins schlug und die Tränen auf ihren Wangen hart wurden und wie sie selbst zu Stein.

Noch im selben Jahr starb der Wanderer. Sein Haus wurde verkauft und ausgeräumt, dabei landeten die Steine ganz hinten im Garten bei der Hecke. Der neue Hausbesitzer war ein Flötenkesselfabrikant, der einen so festen Schlaf hatte, dass er nachts absolut nichts mitbekam. Schon gar nicht das Rascheln bei der Hecke, als im Sommer darauf der Vollmond hoch am Himmel stand.

So kam es, dass niemand das traurige Lied der Zwerge hörte und niemand ihre Klagen: »Wozu noch üben? Wozu es noch einmal probieren? Wir lernen es ja doch nie.«

Ohne ihre Instrumente auch nur anzufassen, saßen die drei beisammen. Die Ellbogen auf die Knie gestützt, warteten sie ergeben darauf, dass die Uhr eins schlug und sie wieder als Steine bei der Hecke liegen würden.

Die Jahre verstrichen, schließlich starb auch der Flötenkesselfabrikant, und eine vornehme Dame zog in das Haus. Sie feierte gern fröhliche Feste, und eines schönen Sommertags ließ sie überall im Garten Lampions aufhängen. Tische mit Gebäck und Sprudelwasser wurden aufgestellt, und im Teich standen die Weißweinflaschen zum Kühlen. Als es dunkelte, trafen die Gäste ein, sie unterhielten sich prächtig, und kaum war der Mond aufgegangen, klatschten sie begeistert in die Hände. Jeder trug zum Gelingen des Abends bei: Lustige Reden wurden gehalten und Sketche vorgeführt, und man stieß immer wieder mit Weißwein an.

Nachdem alle an der Reihe gewesen waren, wurde es für einige Augenblicke still. Aber nicht ganz: Von hinten im Garten war Gesang zu vernehmen. Alle spitzten die Ohren, hielten den Atem an und lauschten dem dreistimmigen Lied:

»Das ganze Jahr sind wir aus Stein.
Doch sommers bei des Vollmonds Schein
erwachen wir um Mitternacht
für eine Stunde, wohlbedacht.«

»Wer ist das?«, rief die Dame. »Die Sänger sollen sich zeigen!« Sie eilte zur Hecke. »Ach, wie niedlich: drei kleine Kerlchen! Kommt mit!« Kurz entschlossen führte sie die Zwerge zu ihren Gästen.

Wie geblendet standen Amol, Hamol und Cies im Licht der Lampions. Nachdem man ihnen Wein gebracht hatte, rief die Dame: »Nun müsst für uns singen und spielen!«

»Oh ja, bitte!« Die Gäste stellten sich im Kreis um die Zwerge herum.

»Was soll das?«, brummte Hamol.

»Nichts für uns«, sagte Amol.

»Aber der Wein schmeckt fein«, meinte Cies.

Die Dame und ihre Gäste begannen in die Hände zu klatschen. »Spielt! Spielt eine fröhliche Weise!«, riefen sie.

»Bah!«, brummte Hamol.

»Nichts da!«, sagte Amol.

»Warum eigentlich nicht?«, meinte Cies und blies ein paar Triller auf seiner Rohrflöte.

»Wie schön! Weitermachen! Bitte!«, tönte es.

»Hmmm«, brummte Hamol und trank noch einen Schluck Wein.

»Ähm«, sagte Amol und trank zwei Schlucke.

»Ich fange an«, meinte Cies. Er leerte sein Glas mit einem Zug, setzte die Flöte an den Mund und spielte drauflos. Eine fröhliche Weise, die ihm gerade einfiel. Hamol rückte die Ziehharmonika vor dem Bauch zurecht und steuerte sein *Humpapa* bei. Es dauerte nicht lange und Amol hatte seine Trommel zwischen den Knien und legte ebenfalls los.

So unterhielten die drei Zwerge die Gäste der vornehmen Dame aufs Schönste mit ihrer Musik.
Tirililalei machte die Flöte, *rooo ruuu rooo* die Harmonika und *ticke-tocke-tong* die Trommel. Zum ersten Mal seit über hundert Jahren spielten die Zwerge andere Melodien. Darüber vergaßen sie ihren Kummer und den Zauberbann und dass sie nur eine Stunde lebendig waren.
Die Zuhörer sangen und tanzten zu den Weisen der Zwerge, applaudierten immer wieder und schenkten den kleinen Musikanten Wein nach. Diese wurden mit jedem Glas vergnügter und spielten immer feuriger.

»Herrlich ist das!«, rief die Dame aus. »Spielt weiter, spielt alles, was ihr kennt!«
Das ließen die Zwerge sich nicht zweimal sagen. Sie gingen so sehr in ihrer Musik auf, dass sie zu schweben meinten.
Schließlich lauschten alle stumm und verzückt mit geschlossenen Augen. Sogar der Wind hielt den Atem an, kein Blatt regte sich. Als die letzten Töne verklungen waren, schlug die Uhr in die Stille hinein eins.
»Oh weh, oh weh!«, riefen die Zwerge, aber wundersamerweise wurden ihre Finger nicht steif, ihre Füße nicht kalt und ihre Bäuche nicht schwer. Mit heftigem Herzklopfen standen sie da, als plötzlich ein greller Lichtblitz zuckte und ein ohrenbetäubender Knall ertönte.
»Hurra!«, riefen die Gäste, weil sie glaubten, ein Feuerwerk würde gezündet.

Aber im nächsten Augenblick erschien der Zauberer in einem goldenen Mantel.
»Gnädige Frau«, sagte er zu der Dame, »dass ich ungebeten zu Ihrem Gartenfest komme, hat seinen Grund. Ich habe die drei Zwerge spielen hören. Sie haben ihre Zaubermelodie ohne einen einzigen Fehler gespielt und so schön, wie sie noch nie geklungen hat. Darum sind sie erlöst.«
Als sie diese Worte vernahmen, fielen die Zwerge um. Aber nicht, weil sie wieder zu Stein geworden wären, sondern vor Staunen. Von der ausgelassenen Feststimmung und dem Wein beflügelt, hatten sie, ohne es zu merken, ihre Zauberweise gespielt. Aber kaum lagen sie auf dem Boden, sprangen sie auch schon wieder auf und tanzten vergnügt im Kreis herum.
Nun kam noch mehr Stimmung auf, und das Fest dauerte bis zum Morgen.
»Auf Wiedersehen, gnädige Frau, auf Wiedersehen alle und vielen Dank!«, riefen die Zwerge mit heiseren Stimmen und trollten sich durch die Hecke.
»Auf zu unseren Gefährten!«, sagte Hamol.
»Wirklich und wahrhaftig!«, sagte Amol.
»In fliegender Fahrt!«, rief Cies.
Niemand hat die drei je wiedergesehen.
Niemand weiß, ob es noch mehr verzauberte Zwerge gibt. Wenn du irgendwo einen großen Stein siehst, dann geh im Sommer bei Vollmond hin und warte ab, was passiert.

DER MEERHASE

Es war einmal ein Basaltstein, der wollte gern ein Hase sein, um rennen und springen zu können. So aber lag er still da und war taub für die Lerche und blind für die Sonne und konnte mit niemandem sprechen.

Eines Tages trat der nahe Fluss über seine Ufer, überspülte den Basaltstein und nahm ihn mit sich.

Der Stein rollte *holterdiepolter* über den Grund und rieb sich an anderen Steinen, sodass er schließlich dachte: Vielleicht werde ich auf diese Art ein Hase. Er wurde jedoch nur runder und glatter, und als der Fluss das Meer erreichte, sah der Stein wie eine dicke Scheibe aus statt wie ein Hase.

Er war am Strand zu liegen gekommen, und jedes Mal bei Flut umarmte ihn das Meer, und bei Ebbe blieb er tränenüberströmt allein zurück.

Ach, hätte ich doch Augen, dachte der Stein, dann könnte ich das Meer sehen, und hätte ich doch Ohren, dann könnte ich seinem Tosen lauschen. Jetzt kann ich es nur spüren, wenn es mich umarmt. Und wenn die Sonne seine Tränen getrocknet hatte, lag er reglos da und wartete auf die nächste Flut.

So vergingen die Jahre, und immer wieder träumte der Stein davon, als Hase über die Äcker zu rennen, aber er wurde nur immer runder und glatter und bewegte sich nicht von der Stelle.

Dann geschah es, dass ein Orkan losbrach. Er peitschte die Wellen hoch auf, und sie rissen den Basaltstein mit. Er sank in die Tiefe hinab, wo eine Meerjungfrau lebte. Sie sagte: »Oh, was für ein schöner runder Stein!« und begann sogleich, mit ihm zu spielen wie mit einem Ball.

Vielleicht werde ich auf diese Art wenigstens ein Fisch, dachte der Basaltstein, denn jedes Mal, wenn er geworfen wurde, war ihm, als könnte er schwimmen.

Bald kamen andere Meerjungfrauen dazu und spielten mit, sodass der Stein in einem fort hin und her geworfen wurde, was ihm sehr behagte. Irgendwann aber hatten die Meerjungfrauen genug von ihrem Ballspiel,

sie schwammen an die Oberfläche und ließen den Stein am Meeresgrund zurück.
Wieder lag er da, unbeweglich wie zuvor.
Bestimmt ist es hier dunkel, dachte er, aber er konnte nichts sehen und spürte nur hin und wieder einen Fisch, der ihn im Vorbeischwimmen streifte. Ach, könnte ich doch wenigstens ein Fisch werden, dachte er, und im gleichen Augenblick spürte er einen heftigen Ruck.

Ein Anker, von einem Schiff ausgeworfen, hatte sich hinter dem Basaltstein verhakt, und zwar so fest, dass seine Kette riss.
Nun lagen sie zu zweit am Grund, unlösbar miteinander verbunden.
Jetzt können nicht einmal mehr die Meerjungfrauen mit mir spielen, dachte der Basaltstein, und ich muss für alle Zeiten hier liegen.
Der Stein und der Anker wurden von Algen überwuchert, und Muscheln siedelten sich auf ihnen an, sodass sie nach einer Weile wie ein einziger graugrüner Klumpen aussahen. Die Jahre vergingen, so viele, dass der Stein irgendwann keine Gedanken mehr hatte.

Am Meeresgrund lebte aber auch eine alte Hexe, die Anker von untergegangenen Schiffen sammelte, an denen sie deren Geschichte ablas. Diese Meerhexe erspähte eines Tages den Anker und nahm ihn samt Stein mit in ihre Höhle, um dort seine Geschichte zu lesen. Sie kratzte die Muscheln und die Algen ab und entdeckte so den Basaltstein.
Was ist *das* denn?, dachte sie und wollte ihn schon wegwerfen, da sah sie, dass auch er eine Geschichte hatte: dass er sich sehnlich gewünscht hatte, ein Hase zu sein. So etwas war ihr noch nie untergekommen, darum lachte sie schallend und sagte: »Ein Hase, was soll das denn sein?«, denn sie kannte nur Meerestiere.

Aber ihre Neugier war geweckt. Sie ließ den Anker liegen, schwamm mit dem Stein an die Oberfläche und zur Küste. Dort warf sie ihn auf den Strand und rief: »So, nun sei ein Hase!«
Der Basaltstein kullerte durch den Sand und wurde zu einem Hasen.
Zum ersten Mal konnte er das Meer sehen und sein Tosen hören, darüber vergaß er ganz zu laufen.
»Du siehst ja furchterregend aus!«, rief er der Hexe zu.
Diese starrte ihn an und erwiderte: »Mach, dass du fortkommst! Du gehörst nicht zum Meer!«

Aber der Hase rührte sich nicht vom Fleck, er betrachtete das Meer und lauschte, bis die Flut kam und ihn umarmte. Erst als das Wasser ihm bis ans Kinn reichte, bewegte er sich. Er musste schwimmen.
Die Hexe lachte lauthals und schickte hohe Wellen, um ihn zu ärgern.
Muss ich jetzt sterben?, dachte der Hase, denn er ertrank fast.
Aber die Meerhexe packte ihn, hob ihn aus dem Wasser und befahl ihm – tropfnass, wie er war: »Schwimm zum Strand, dann bist du ein Meerhase!« Und sie warf ihn zurück ins Wasser.
Der Hase schwamm zum Strand, setzte sich in den Sand und nahm eine Farbe wie Algen an.
Nun bin ich also ein Meerhase, dachte er. Er blieb am Strand und dichtete ein Lied über das Meer:

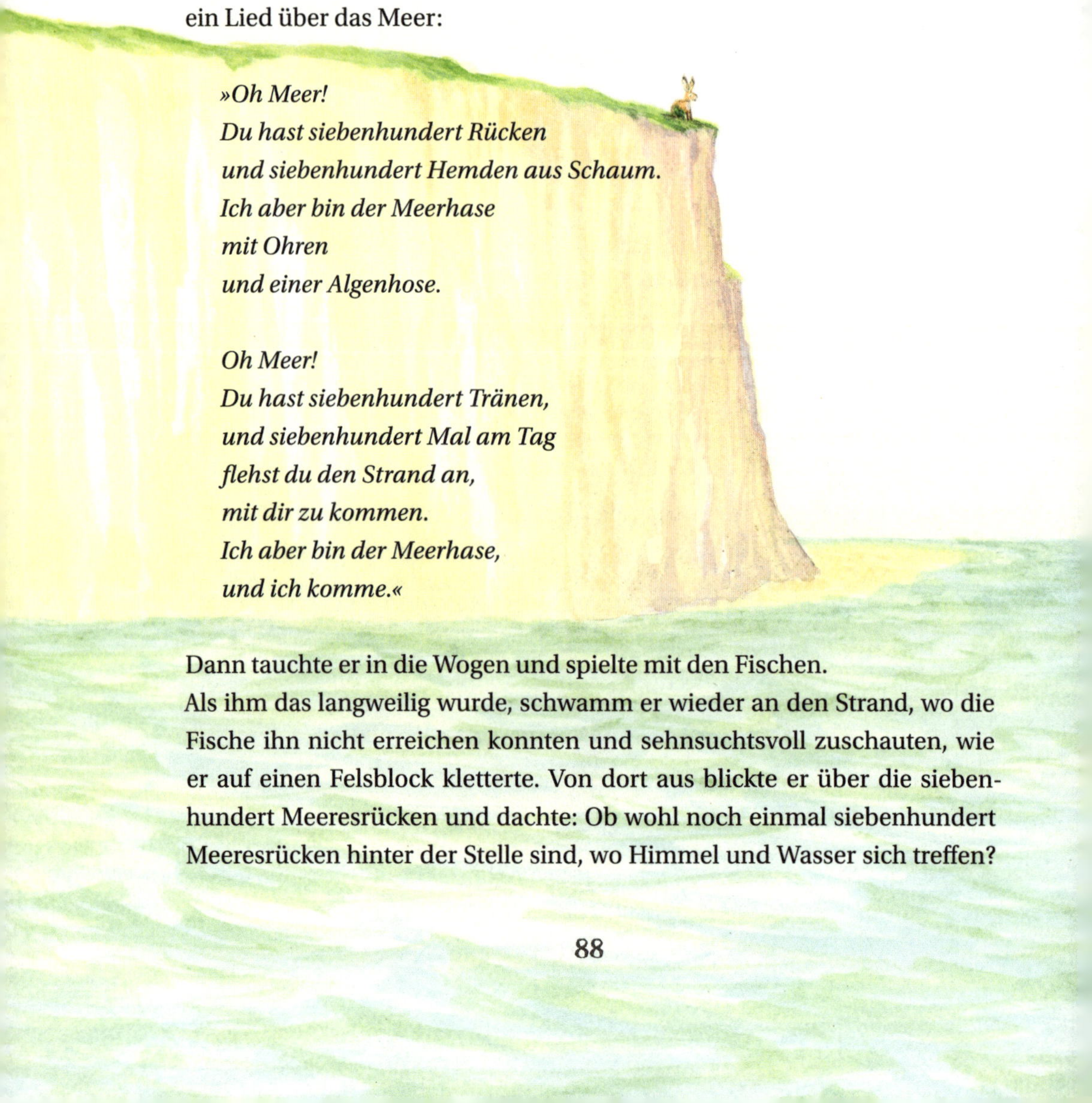

»Oh Meer!
Du hast siebenhundert Rücken
und siebenhundert Hemden aus Schaum.
Ich aber bin der Meerhase
mit Ohren
und einer Algenhose.

Oh Meer!
Du hast siebenhundert Tränen,
und siebenhundert Mal am Tag
flehst du den Strand an,
mit dir zu kommen.
Ich aber bin der Meerhase,
und ich komme.«

Dann tauchte er in die Wogen und spielte mit den Fischen.
Als ihm das langweilig wurde, schwamm er wieder an den Strand, wo die Fische ihn nicht erreichen konnten und sehnsuchtsvoll zuschauten, wie er auf einen Felsblock kletterte. Von dort aus blickte er über die siebenhundert Meeresrücken und dachte: Ob wohl noch einmal siebenhundert Meeresrücken hinter der Stelle sind, wo Himmel und Wasser sich treffen?

Weil er so lange ein Basaltstein gewesen war, ahnte er nichts von der Größe des Meers.
Er beschloss nachzusehen und tauchte in die Wogen, und die Fische riefen: »Wohin willst du, Meerhase?«
Er aber schwamm unbeirrt weiter. Sollten die Fische doch miteinander spielen …
Er schwamm und schwamm, aber so weit er auch kam, die Stelle, wo Himmel und Wasser sich trafen, war so weit entfernt wie zuvor, obwohl er schon über mindestens siebenhundert Rücken geschwommen war.
»Ach, was bin ich müde«, sagte der Meerhase. Aber so weit draußen hörte ihn keiner mehr, und er dachte: Jetzt sterbe ich gewiss. Denn er ertank fast.
Ein letztes Mal sang er sein Lied, und bei den Worten »Ich aber bin der Meerhase, und ich komme«, versank er in den Fluten.
Am Meeresgrund stand die Hexe und sah ihn herabsinken. Sie packte ihn, schwamm mit ihm an die Oberfläche und zum Strand. Dort warf sie ihn in den Sand und rief: »Geh dorthin zurück, wo du hingehörst.«
Da kam wieder Leben in den Meerhasen.
Er befand sich genau da, wo der Fluss, der ihn als Basaltstein mitgeführt hatte, ins Meer mündete. Ohne zu zögern, sprang er in den Fluss und begann stromaufwärts zu schwimmen, nur seine Ohren ragten aus dem Wasser.
Drei Tage lang schwamm er, bis er die Stelle erreichte, an der der Fluss über seine Ufer getreten war und ihn mitgenommen hatte. Dort setzte er sich ans Ufer.
Als Meerhase verspürte er große Sehnsucht nach dem Meer und wollte gerade wieder sein Lied anstimmen, da schlug eine Lerche. Der Gedanke daran, wie er als Stein, taub für die Lerche, hier gelegen hatte, ließ ihn das Meer vergessen.
Er lief los, kreuz und quer über die Äcker und wieder zurück. Dabei machte er Sprünge zum blauen Himmel empor. Und nochmals rannte er über die Äcker, diesmal so schnell, dass er seine Algenhose verlor.
Dann legte er sich hin, hob den Blick zur Sonne und starb.
Und an genau dieser Stelle liegt heute ein Basaltstein.

DIE ZAUBERTROMPETE

David hatte einen Großvater, den er jeden Sonntag besuchte. Der Großvater besaß eine Trompete. Sie glänzte wie Gold und hing an der Wand, allerdings so weit oben, dass David nicht herankam.

»Es ist eine Zaubertrompete«, erklärte der Großvater. »Wenn man ein Mal hineinbläst, kommt der alte Soldat. Wenn man zwei Mal hineinbläst, kommt die Zauberfee. Wenn man aber drei Mal hineinbläst, kommt der böse Wolf.«

»Mach doch mal«, bat David.

Darauf sagte der Großvater: »Ein andermal, mein Junge.«

Ein andermal – das sagte der Großvater immer. Aber wann war das? Oder ist es vielleicht gar keine Zaubertrompete?, überlegte David.
»Hast du denn schon ein Mal hineingeblasen?«, fragte David.
»Das habe ich wahrhaftig, mein Junge. Was dachtest du denn?«
»Und wie hat der alte Soldat ausgesehen?«
»Er ging ganz krumm. Sein Mantel reichte bis zum Boden. Und sein Gewehr war verrostet.«
»Und was hat er gemacht?«
»Was er gemacht hat? Das kann ich dir sagen: Er bat um eine Pfeife Tabak.«
»Oh«, sagte David. »Kam er aus dem Krieg?«
»Ja, mein Junge. Aus einem Krieg, der sehr lange her ist. An den wollen wir nicht mehr denken.«
»Ist gut«, sagte David. »Hast du auch schon zwei Mal in die Trompete hineingeblasen?«
»Das habe ich wahr- und wahrhaftig, mein Junge. Was dachtest du denn?«
»Und wie hat die Zauberfee ausgesehen?«
»Sie trug einen weißen Schleier und hatte eine goldene Krone auf dem Kopf. Und in der Hand hielt sie einen Stab, der Funken sprühte. Damit konnte sie Wünsche erfüllen.«
»Einen Zauberstab, Großvater?«
»Ja, mein Junge.«
»Hat die Fee etwas für dich gezaubert?«
»Ach, ich bin ja schon alt, da hat man keine Wünsche mehr.«
»Du hättest dir doch Wachsmalstifte wünschen können«, sagte David, »und eine Rennbahn mit Autos. Ich hätte mir hundertachttausendfünf Autos gewünscht. Und ein Rad. Ein Rennrad, Großvater. Und Kaugummi und eine Torte und …«
»Hör auf!« Der Großvater hielt sich die Ohren zu. »So viel hätte die Fee niemals gutgeheißen.«
»Dann vielleicht *ein* Auto? Ein ganz kleines. Lass mich doch bitte mal blasen, Großvater.«
»Bist du närrisch? Stell dir vor, du bläst aus Versehen drei Mal hinein! Was dann?«
»Kommt dann wirklich der böse Wolf?«, fragte David erschrocken.

»Wahr- und wahrhaftig, aber holla!«, rief der Großvater. »Was dachtest du denn?«
»Hast du denn schon drei Mal geblasen?«
»Oh ja, mein Junge, das habe ich.« Der Großvater seufzte.
»Wie hat der böse Wolf ausgesehen?«
»Er hatte einen grauen Pelz und einen buschigen Schwanz, und sein Heulen klang wie der Sturmwind.«
Dann war es für David Zeit, nach Hause zu gehen.
Am Sonntag darauf konnte er seinen Großvater nicht besuchen, weil dieser krank war. Sehr krank sogar. So krank, dass Davids Mutter mitten in der Woche hinging.
Weil die Mutter David nicht allein zu Hause lassen wollte, nahm sie ihn mit. Aber zu seinem Großvater ans Bett durfte er nicht. David solle brav im Wohnzimmer warten, sagte die Mutter. Im Wohnzimmer, wo die Trompete an der Wand hing.
Brav.
Aber David rückte einen Stuhl an die Wand, stieg darauf und nahm die Trompete vom Haken.
Ich blase zwei Mal hinein, nahm er sich vor, und dann wünsche ich mir von der Zauberfee, dass Großvater wieder gesund wird.
Ob die Fee tatsächlich kommen würde?
Zitternd wie ein kleiner Junge, obwohl er schon recht groß war, setzte David die Trompete an den Mund und blies ganz vorsichtig.
Es kam kein Ton heraus.
Er blies kräftiger. *Puuu-wepp!*, machte es. Ein Mal.
Vor Schreck ließ David die Trompete fallen. Ein Mal – das hieß, dass der alte Soldat mit seinem verrosteten Gewehr kommen würde.
Aber nichts geschah.
Vielleicht ist er inzwischen gestorben, überlegte David.
Er hob die Trompete auf. Nun wusste er ja, wie es ging. Er blies die Backen auf… *Puuu-wepp! Puuu-wepp!* machte es. Zwei Trompetenstöße schallten durch den Raum.
Aber nichts geschah.
»Zauberfee!«, rief David leise.

Als keine Fee erschien, packte David die Wut. Der Großvater hatte ihn zum Narren gehalten! Es war gar keine Zaubertrompete!
Jetzt aber! Entschlossen holte David tief Luft und blies mit aller Kraft drei Mal in die Trompete.
Das Zimmer blieb leer: kein böser Wolf zu sehen. Na also!
Dafür kam Davids Mutter herein. »Du darfst doch kurz zu Großvater«, sagte sie.
Der Großvater saß halb aufgerichtet im Bett. Mit einem kleinen Lächeln.
»Ich habe dich blasen hören, mein Junge«, sagte er.
David wurde rot bis hinter die Ohren.
»Du sollst meine Trompete haben«, fuhr der Großvater fort. »Von jetzt an gehört sie dir.«
»Aber es ist gar keine Zaubertrompete«, wandte David ein.
»Oh doch, mein Junge«, sagte der Großvater. »Schau mal in den Schrank. Darin hängt ein langer Mantel, und daneben steht ein verrostetes Gewehr. Der alte Soldat bin nämlich ich selbst. Und die Zauberfee, das ist deine Mutter. Sie hat bei ihrer Hochzeit einen weißen Schleier getragen, und von ihr bekommst du alles, was du brauchst. Und der böse Wolf, mein Junge, vor dem musst du keine Angst haben. Der kommt erst, wenn du selbst ein alter Großvater bist. So wie ich. Und alte Großväter haben keine Angst.«
So kam David zu einer Zaubertrompete, die eigentlich keine war. Nur so ein bisschen.

DIE NEBELKINDER

Bauer Japik war so alt, dass er wie eine knorrige Eiche aussah. Sein Haus stand am Saum des Walds, wo der Boden abschüssig war und in eine Wiese mit Wassergräben und Sumpfstellen überging. Die Söhne des Bauern waren längst ausgezogen, und seine Frau war gestorben, aber zum Glück hatte er eine Tochter, die täglich vorbeikam, um Grütze für ihn zu kochen. Ein Mal in der Woche stopfte sie außerdem seine schwarzen Socken und wusch seinen blauen Bauernkittel. Abends aber ging sie wieder ins Dorf, wo sie mit ihrem Mann und ihren drei Kindern wohnte.

Im Sommer saß Bauer Japik bei schönem Wetter auf der Bank vor seinem Haus und beobachtete, wie die Sonne jenseits der grünen Wiese unterging und den Himmel rot und lila färbte.
»Schön dat«, murmelte er dann, »schön dat!« Und er zog an seiner Pfeife und paffte blauen Rauch in die Luft.
Von Ende August an bildeten sich an solchen Abenden weiße Nebelschwaden über der sumpfigen Wiese mit ihren Wassergräben. Sie stiegen auf und schwebten, Gestalten gleich, langsam auf Japiks Haus zu. Für ihn war das der schönste Anblick überhaupt, und er ging erst zu Bett, wenn alles um ihn in schneeweißen Nebel gehüllt war.

Eines späten Abends, als der Mond die weißen Waberschwaden hell beschien und der Bauer längst in seinem Bett lag, geschah etwas Wundersames. Japik wurde wach, weil er meinte, etwas wie Gesang vernommen zu haben. Um besser lauschen zu können, hob er den Kopf ein Stück vom Kissen. Ja, da waren Stimmen! Leise Stimmen.

Mit einem Satz war Japik aus dem Bett und steckte den Kopf aus dem Fenster. Die Stimmen kamen aus dem Nebel. Allmählich wurden sie klarer, so als würden sie sich nähern.

»Seltsam dat«, murmelte Japik. »Wer mag dat sein?«

Er kniff die Augen zu Schlitzen zusammen, und plötzlich glaubte er, verschwommene Gestalten zu sehen.

Zwei Kinder. Und noch zwei und noch zwei ... eine ganze Reihe, fast so weiß wie der Nebel selbst.

Jetzt gingen sie direkt vor seinem Fenster vorbei. Japik sah sie nur undeutlich, doch er war sicher, dass sie barfuß liefen. Und er hörte ihren Gesang:

»Bran, bron, brin,
wir gehen nirgends hin,
von Nimmerwo nach Nichtkeinort,
sind hier, sind da, sind fort.«

»Das hast du geträumt, Vater«, sagte Japiks Tochter, als er ihr tags darauf von den Kindern erzählte.

Aber er schüttelte den Kopf: »Nix da geträumt!«

»Dann zeig mir, wo sie entlanggegangen sind«, sagte die Tochter.

Der Weg vor Japiks Fenster bestand aus losem Sand. Kein einziger Kinderfußabdruck war zu sehen.

»Da hast du es«, sagte die Tochter.

Am Abend, als sie nach Hause gegangen war, glättete Japik den Sand mit einem Rechen. Dann setzte er sich auf einen Stuhl ans Fenster und wartete. Wieder stiegen Nebelschwaden über der Wiese auf, bald war sie ganz in Weiß gehüllt. Der Mond ging auf, und es war totenstill, bis ... erst schwach, dann ein wenig lauter und schließlich deutlich zu verstehen die Kinderstimmen erklangen:

»Bran, bron, brin,
wir gehen nirgends hin,
von Nimmerwo nach Nichtkeinort,
sind hier, sind da, sind fort.«

Direkt vor dem Fenster zogen sie vorbei, kleine Kinder, Hand in Hand, barfuß und mit nebelfarbenen Hemdchen bekleidet.

»Heda!«, rief Japik. »Wer seid ihr?«

Die Kinder schienen ihn nicht zu hören. Ohne aufzublicken oder zu erschrecken, gingen sie unbeirrt weiter und verschwanden, indem ihr Gesang sich verlor, zwischen den Waldbäumen.

»So wat aber auch«, murmelte Japik. Und am frühen Morgen gleich noch einmal – denn auf dem geglätteten Weg war nicht ein Fußabdruck zu sehen.

»Jetzt musst du doch einsehen, Vater, dass du nur geträumt hast«, sagte Japiks Tochter später, als sie kam.

Aber er schüttelte den Kopf. »Nix da geträumt«, murmelte er.

Am Abend zog er seine dicke Wolljacke an, drückte sich die Mütze fest auf den Kopf und setzte sich dann auf die Bank vor dem Haus. Die Beine streckte er über den Sandweg. »Da bleibe ich«, nahm er sich vor, »dann sehen sie mich, oder sie stolpern über meine Beine.«

Als der Nebel heranzog und vom Boden her an seinen Beinen hochstieg, begann Japik zu husten, trotzdem blieb er, wo er war, und wartete. Der Mond zeigte sich später als an den Abenden davor, und kaum verbreitete er sein silbernes Licht, da ertönten wieder die Kinderstimmen. Erst dünn und weit entfernt, dann deutlicher und näher.

»Bran, bron, brin.«

»Diesmal *müssen* sie mich sehen«, murmelte Japik.

»Wir gehen nirgends hin.«

»Diesmal sprechen sie gewiss mit mir«, murmelte Japik.

»Von Nimmerwo nach Nichtkeinort.«

»Diesmal erzählen sie gewiss, wer sie sind und woher sie kommen«, sagte Japik laut.

»Sind hier, sind da, sind fort.«

»Heda!«, rief der Bauer. »Wat macht ihr da, Kinder? Hoppla, aufgepasst!«

Ohne herzuschauen, ohne innezuhalten, ohne auszuweichen oder zu springen, setzten die Kinder ihren Weg fort – sie gingen durch Japiks ausgestreckte Beine hindurch, als wären diese gar nicht vorhanden.

»Heda! Nun bleibt doch stehen! Wartet!« Japik wollte eines der Kinder an der Schulter festhalten, aber er griff ins Leere – da war nur Nebel.

Dann war auch das letzte Kind an ihm vorübergegangen, und die Stimmen wurden leiser, als sie sich dem Wald näherten.

Tags darauf war Bauer Japik krank. Er hatte hohes Fieber, hustete und klapperte mit den Zähnen.
Seine Tochter ließ den Arzt kommen.
»Eine schwere Erkältung«, stellte der fest und empfahl Brustwickel und warme Anismilch.
»Kein Wunder, dass mein Vater sich erkältet hat«, meinte die Tochter. »Gestern Abend ist er auf der Bank vor dem Haus eingeschlafen und hat die halbe Nacht im feuchten Nebel gesessen.«
»*Kech-kech!*« Japik hustete. »Nix da ... *kech* ... eingeschlafen!«
Seine Tochter ging nicht darauf ein, sondern deckte ihn zu und bereitete in der Küche die Anismilch.
Später, als sie gegangen war, stand Japik auf, legte drei Schals um, ging in die Scheune, nahm ein Stück Holz und begann, Pantinen zu schnitzen.
Wenn sie mich schon nicht sehen wollen, dachte er, kann ich wenigstens was dagegen tun, dass sie barfuß durchs nasse Gras gehen und frieren müssen.
Er schnitzte und hobelte und schmirgelte. Obwohl er dauernd husten musste und seine Augen brannten, waren am späten Nachmittag elf Pantinen fertig. Japik versteckte sie unter dem Tisch und legte sich wieder ins Bett. Seine Tochter, die heiße Suppe brachte, schüttelte besorgt den Kopf, denn er war kränker als am Morgen.
Als Japik in der Nacht die Kinder hörte, stand er nicht auf. Das tat er erst am nächsten Morgen, um die restlichen Holzschuhe anzufertigen. Vom Fieber war ihm ganz schwummrig im Kopf, und nach der siebten Pantine fiel ihm das Messer aus der Hand. Er hob es auf und machte weiter. Nach der neunten Pantine fiel er selbst zu Boden, rappelte sich aber auf und schnitzte noch eine. Danach musste er sich hinlegen und von seiner Tochter mit Suppe füttern lassen, weil er zu schwach war, um den Löffel selbst zu halten.
Am Abend wollte Japik die letzte Pantine machen, doch es war schon zu dunkel, und außerdem fand er sein Messer nicht. Also stellte er die einundzwanzig kleinen Holzschuhe auf den Sandweg vor seinem Fenster und verkroch sich mit seinen drei warmen Schals im Bett.
»Zu dumm«, murmelte er. »Ich hätte noch Stroh in die Spitzen stopfen sollen.« Aber er konnte nicht mehr und döste ein.
In dieser Nacht zeigte sich der Mond noch später. Die Turmuhr hatte längst

zwölf geschlagen, als die helle Scheibe endlich hoch über den Bäumen stand und den schneeweißen Nebel über der Wiese beschien.
Im nächsten Moment erklang von fern das Lied der Kinder:

»Bran, bron, brin,
wir gehen nirgends hin,
von Nimmerwo nach Nichtkeinort,
sind hier, sind da, sind fort.«

Aber wer hörte es?
Keiner.
Denn Japik schlief tief und fest, mit Fiebertränen auf den Wangen. Und auch als der Gesang näher kam, wachte er nicht auf. Erst als das Lied vor seinem Fenster abbrach und in Jubel überging, fuhr er in die Höhe.
»Bauer Japik!«, tönte es von draußen. »Komm, Bauer Japik!«
Er schleppte sich zum Fenster und schaute hinaus.
Draußen standen elf weiße Kinder. Sie trugen ihre Holzpantinen und trampelten damit. Eines allerdings nicht im Takt, weil es nur einen Schuh trug.
Die Kinder blickten Japik an und riefen: »Auf Wiedersehen, Bauer Japik, und danke!«
Mit einem Mal war das Fieber wie weggeblasen, und Japik stieg aus dem Fenster zu den Kindern hinaus.
In seiner Hemdhose stand er zwischen ihnen und strich über ihre Köpfe.
»Wer seid ihr bloß?«, fragte er.
»Wir sind die Nebelkinder«, antworteten sie. »Aber jetzt, da wir Schuhe haben, kannst du uns anfassen. Und mit uns tanzen. Kommst du mit?«
Sie bildeten einen großen Kreis um ihn, stimmten ihr Lied an und vollführten dazu Sprünge und Hüpfer – eines allerdings nicht im Takt, weil es nur einen Schuh trug.
Bauer Japik in seiner Hemdhose, mit den drei warmen Schals, aber ohne Mütze, sprang und hüpfte ebenfalls. So bewegten sie sich, ohne dass er es so recht bemerkte, auf den Wald zu.
Er nahm zwei Kinder bei der Hand und sang ihr Lied mit: *»Bran, bron, brin, wir gehen nirgends hin.«*

Am Waldrand bildeten sie eine lange Reihe und gingen, Japik voran, zwischen den Bäumen hindurch.

»Von Nimmerwo nach Nichtkeinort.«

Immer tiefer ging es in den Wald hinein, die Kinder mit ihren Holzpantinen stampften einen Tanz, und Japik feuerte sie mit Händeklatschen an.

»Sind hier, sind da, sind fort.«

Schließlich tanzten die Kinder, mit den Händen auf den Knien, um Japik herum, schneller und immer schneller, sodass er am Ende nur noch wirbelnde Nebelstreifen sah. Weil ihm schwindlig wurde, hielt er sich die Augen zu. Er setzte sich auf den harten Boden, und in seinem Innern hallten weiterhin die Kinderstimmen – *»bran, bron, brin«* –, und die Holzschuhe klapperten munter im Takt, nur bei einem Kind nicht, weil es nur einen Schuh trug.

Als Japiks Tochter am nächsten Morgen kam, war sein Bett leer. Sie fand ihn

weder im Haus noch in der Scheune noch im Garten, sondern erst nach langem Suchen tief im Wald.
Er lag unter einem Baum auf dem Moos, um ihn herum einundzwanzig kleine Holzpantinen. Es sah aus, als würde er schlafen, doch Japik war tot.
»Jetzt hat Vater nicht nur geträumt, sondern auch noch schlafgewandelt und ist im Wald erfroren!«, klagte die Tochter. »Ach, wäre ich doch nur die Nacht über bei ihm geblieben!«
Hätte sie vor Japiks Fenster nachgesehen, dann wären ihr auf dem Sandweg viele kleine Holzpantinenabdrücke aufgefallen und sie hätte erkannt, dass ihr Vater keineswegs geträumt hatte. Aber sie sah nicht nach.
Niemand hat die Nebelkinder je wiedergesehen, auch nicht, wenn der Mond schon früh am Himmel stand und aus dem sumpfigen Wiesenland mit seinen Gräben Nebel aufstieg und tanzende Gestalten formte.

DER BAUM, DER LAUFEN WOLLTE

Bäume können keinen Schritt tun. Weder vorwärts noch rückwärts. Ihr ganzes Leben lang stehen sie an ein und derselben Stelle, bei Sturm, Regen, Gewitter und Frost. Wenn sie zu vielen beisammenstehen, wie im Wald, dann haben sie immer Gesellschaft. Unter der Erde sind ihre Wurzeln wie Hände ineinander verschlungen, und über der Erde können sie sich etwas zuflüstern, wenn der Wind durch ihr Laub streicht.

Ein Baum aber, der allein mitten auf einer Wiese steht, hat ein einsames Leben. Um solch einen Baum geht es in dieser Geschichte: um die einsame Buche.

Früher hatte die Buche eine Gefährtin. Mitten auf der Wiese standen sie direkt nebeneinander, zwei mächtig hohe dicke Bäume, die zusammen groß geworden waren. Die Äste der einen wuchsen nach Westen, die der anderen nach Osten, sodass sie wie eine einzige Riesenbuche aussahen. Ihre Kronen boten Schatten für fünfzig Kühe, und bei Regen dienten sie als Schirm für fünfzig Menschen.

Der Wind war jedoch ein launischer Geselle. Manchmal ließ er die Blätter lauter schöne Dinge sagen oder wie Musik säuseln, wenn er aber zu stürmen begann, ertönte ein wüstes Kreischen.

Es ist der Wind, der so brüllt, nicht wir, dachte die eine Buche, und die andere dachte dasselbe.

Eines Nachts steigerte der Wind sich zu einem Orkan, der an allem zog und zerrte. Mit tüchtigem Anlauf kam er über die ebene Wiese herangefegt und rüttelte mit solcher Kraft an den zwei Buchen, dass die eine nicht mehr standhalten konnte und umstürzte.

Am nächsten Tag sah man im Morgenlicht die Bescherung: Die Buche lag auf dem Boden und hatte die Wurzeln ausgestreckt, so als hätte sie versucht, damit zu laufen.
Der Wind verhielt sich vollkommen still. Er ließ die übrig gebliebene Buche nicht einmal »Adieu« zu ihrer gefallenen Gefährtin sagen. Nicht mit einem einzigen raschelnden Blatt.
Von jetzt an stehe ich ganz allein hier, dachte die einsame Buche. Und wie ich aussehe! Als wäre ich nur ein halber Baum. Alle meine Äste sind nach Osten gewachsen, und zum Westen hin, wo meine Gefährtin war, bin ich platt und leer.
Vor lauter Kummer verlor die einsame Buche ihr Laub früher als sonst, den ganzen Winter über stand sie kahl im Wind, und im nächsten Frühling war ihr Blätterdach so spärlich, dass sein Schatten für kaum zwanzig Kühe reichte, und bei Regen war es ein löchriger Schirm.
Wie gern würde ich im Wald stehen, dachte die einsame Buche, jenseits der Wiese bei all den anderen Bäumen. Manchmal, wenn der Wind von dort wehte, hörte sie, wie die Bäume ihr etwas zuriefen. Antworten konnte sie aber nur, wenn er sich drehte und ihre Stimme zum Wald hinübertrug. Aber ob sie dort gehört wurde, wusste sie nicht.
Ich wünschte, ich könnte laufen, dachte die einsame Buche. Auf meinen Wurzeln, so wie Kühe auf ihren Beinen. Aber sie spürte genau, dass ihre Wurzeln viel zu fest und viel zu tief im Boden steckten. Und sie wusste auch genau, dass ein Baum, wenn er auch nur einen Schritt tut, sofort umfällt. So wie ihre Gefährtin.
»Und umfallen, das will ich nicht«, flüsterte die Buche. Darum stemmte sie sich fortan gegen den Wind und hielt ihre Blätter so, dass sie ganz andere Dinge sagten als zuvor. Nicht mehr das, was der Wind sie sagen ließ, sondern eigene Dinge.
»Hört nur, wie der Baum rauscht!«, sagte ein Vater zu seinen Kindern. »Er erzählt alte Geschichten, wie man sie von keinem anderen Baum hören kann.«
Und so war es auch. Denn der Wind hatte Respekt vor der einsamen Buche bekommen.

DIE VORWITZIGEN SCHUHE

Bevor du abends ins Bett gehst, ziehst du deine Schuhe aus.
Auch die Erwachsenen machen das. Alle Menschen in der ganzen Stadt.
Stell dir einmal vor, wie viele Schuhe dann in der dunklen Nacht unter den Betten stehen. Schuhe, Schuhe, Schuhe – ohne Füße darin!
Schlafen Schuhe auch?
Oh nein! Schuhe werden niemals müde.

Eines Nachts sagte der linke Schuh meines Vaters zum rechten Schuh: »Ich habe die Nase voll. Den lieben langen Tag muss ich gehen, wohin dieser Vater will. Jetzt gehe ich einmal allein. Und zwar woandershin als sonst.«

»Ich komme mit«, sagte der rechte Schuh meines Vaters.

Und schon gingen sie – *tipp-tapp* – über den Fenstersims hinaus auf die Straße. Man hätte meinen können, da wäre ein Mensch in der Dunkelheit unterwegs. Aber es waren nur die Schuhe.

»Kommt ihr auch mit?«, riefen sie beim Nachbarhaus durchs Fenster.

Die Schuhe des Nachbarn und seiner Frau schlossen sich an, ebenso die der nächsten Nachbarn, der übernächsten und so weiter … bis sich ein langer Zug gebildet hatte.

Klack-klack machten die Damenstöckelschuhe, *stampf-stampf* die Motorradstiefel und *quietsch-quietsch* die Gummischuhe.

Schuhe, Schuhe, Schuhe. Alte und neue, verschlissene, abgetretene, ungeputzte, stumpfe, glänzende, schwarze, braune – alles war dabei. Sie gingen, sie rannten, sie tanzten. Und allesamt woandershin als sonst. Wohin *sie* wollten. Denn es steckten keine Füße darin.

»Links gehört zu rechts!«, schrien sie. »Haltet euch an den Schnürsenkeln fest!«

Aber Omas linker Schuh verlor Omas rechten Schuh. Und die Schuhe ohne Schnürsenkel konnten einander gar nicht festhalten.

»Wo bist du? Wo bist du?«, klang es von allen Seiten.

»Hier! Hier!«, kam die Antwort, auch von allen Seiten.

Aber wer gehörte nun zu wem? Die Paare fanden nicht mehr zusammen.

»Dann gehen wir eben alle allein!«, riefen sie. »Jeder für sich.«

Und so machten sie es.

Einzelne linke Schuhe und einzelne rechte Schuhe. *Humpeldiepumpel.* Es hörte sich an wie ein Aufmarsch von lauter einbeinigen Menschen.

Die feinen Schuhe, die sauberen und die blitzblank polierten traten genüsslich in alle Pfützen.

Die abgetretenen Schuhe, die schmutzigen und die löchrigen machten sorgsam einen weiten Bogen um den Straßenschmutz.

Die Schuhe der alten Menschen hüpften. Die Schuhe der Kinder gingen langsam und bedächtig. Und die ältesten Schuhe zogen den nagelneuen in den Schaufenstern lange Nasen, denn die durften nicht mit.

So hatten die Schuhe jede Menge Spaß und Vergnügen und Freude. Die Schuhe ohne Füße.

Als die Morgendämmerung heraufzog, wurden Rufe laut: »Wir müssen zurück!« – »Wir müssen zu Hause sein, ehe die Menschen aufstehen!«

Daraufhin entstand ein Riesendurcheinander. Denn viele Schuhe wussten nicht mehr, wo es nach Hause ging. Und unterdessen wurde es heller.

»Schnell, schnell!«, riefen sie.

Man hätte meinen können, tausend Menschen würden durch die Straßen rennen. *Klack-klack, schlurf-schlurf, quietsch-quietsch, stampf-stampf.* Stiefel stolperten über Halbschuhe. Halbschuhe stolperten über ihre eigenen Schnürsenkel, prallten zusammen, traten einander auf die Spitzen und gegen die Hacken. Und unterdessen wurde es immer heller.

»Wir kommen zu spät!«, riefen sie. »Schnell, in die Häuser!«
Die meisten Schuhe kletterten durch irgendein Fenster und stellten sich *trapp-trapp* unter irgendein Bett.
Zwei linke Herrenschuhe unter Omas Bett.
Motorradstiefel unter Rifkas Bett.
Drei rechte Halbschuhe unter Frau Stiens Bett.
Als mein Vater aufstand, fand er unter seinem Bett einen hochhackigen Damenschuh, einen blauen Turnschuh, einen linken Pantoffel und zwei rechte Jungenschuhe vor.
»Na so etwas«, sagte er. Und alle anderen in der Stadt sagten ebenfalls: »Na so etwas!«
Als die Menschen dann aus den Häusern kamen, um zur Arbeit zu gehen, humpelten alle, denn keiner trug passende Schuhe. Sie waren zu klein. Oder zu groß. Oder es waren zwei rechte oder zwei linke. *Klack-stampf, quietsch-trapp, schlapp-schlurf* machte es.
Oma ging auf Strümpfen. Und Tibbe barfuß.
»Wer hat meine Schuhe? Wer hat meine Schuhe?«, fragten sie und schauten einander auf die Füße.
»Da ist ja mein rechter brauner Schuh!«, rief jemand.
Auf diese Weise bekam allmählich jeder die eigenen Schuhe wieder.
Mein Vater als Allerletzter. Denn sein linker Schuh war vorwitzig auf einen Baum geklettert, und erst nach einer Woche wehte der Wind ihn herunter.

DER WINTERSCHLAF

Weit oben in den Bergen lebte eine Bärenmutter mit ihrem Sohn. Eines Tages im Frühling wurde sie krank, und als es ihr schlechter ging, sagte sie: »Mein lieber Bärensohn, du bist groß genug, um allein zurechtzukommen. Aber denk daran: Im Herbst musst du dich nach einer Höhle umsehen, in der du den ganzen Winter verbringen kannst. Alle Bären machen das so.«

Und nach diesen Worten starb sie.

Das Bärchen trauerte sehr um seine Mutter. Aber nicht allzu lange, denn es war jung und voller Leben. Die tausend Frühlingsblumen auf den Bergwiesen riefen und lockten und winkten im Wind, und schon bald tollte der kleine Bär im Gras herum und kugelte den steilen Hang hinab.

»Ha-tschi!«, nieste er, und sein wolliger Pelz war grün und gelb vom Blütenstaub. Er trank aus dem Bach, suchte im Wald etwas zu essen, und abends erschreckte er die Hasen mit einem lauten »Buuuh!«

Er genoss den herrlichen Frühling.

Im Sommer tanzte er in warmen Nächten, wenn der Mond alles in blaues Zauberlicht tauchte, auf den Wiesen. Und wenn ein Fuchs vorbeischlich, knurrte er furchterregend, um auch ihn zu erschrecken.

Im Herbst, als die Wölfe zwischen den Felsen heulten, saß er ganz still da und lauschte der Musik, die ihm sehr gefiel.

Erst als es kalt wurde, fielen dem jungen Bären die Worte seiner Mutter wieder ein. Ich muss mich nach einer Höhle umsehen, dachte er, für meinen Winterschlaf.

Er lief und lief und suchte und suchte. Schließlich fand er eine kleine Höhle, die behaglich aussah. Er wollte hineinkriechen, da rief eine wütende Stimme: »Verschwinde! Diese Höhle gehört uns!«

Es war das Winterquartier der Hasen.

Der Bär lief weiter und weiter und suchte und suchte. Schließlich fand er eine größere Höhle, die noch behaglicher aussah. Er wollte hineinkriechen, da rief wieder eine wütende Stimme: »Verschwinde! Diese Höhle gehört uns!«

Es war das Winterquartier der Füchse.

Der Bär lief weiter und weiter und suchte und suchte. Schließlich sah er eine große Höhle, die ihm mehr als genug Platz bot. Er wollte hineinkriechen, da rief wieder eine wütende Stimme: »Verschwinde! Diese Höhle gehört uns!« Und ein schauerliches Geheul erklang. Es war das Winterquartier der Wölfe, und ihr Heulen hatte nichts mehr von Musik.

Der Bär bekam Angst.

Er lief weiter und weiter und suchte und suchte, aber nirgends fand er eine Höhle. Inzwischen war er weit ins Tal hinabgekommen. Gegen Abend sah er etwas Merkwürdiges: keine Höhle, aber vielleicht doch eine Art Unterschlupf.

Es war ein einsam gelegenes Menschenhaus. Bestimmt darf ich auch da nicht rein, dachte er. Trotzdem steckte er seine Schnauze durch die Tür und machte sicherheitshalber »Buuuh!«

Drinnen saß ein Mädchen am Kamin. Sie erschrak überhaupt nicht, sondern rief: »Komm nur herein, kleiner Bär, und wärm dich am Feuer!«

Noch nie zuvor hatte der Bär einen Menschen gerochen. Darum traute er sich nicht und fing an, furchterregend zu knurren. Das Mädchen bekam dennoch keine Angst. Sie schlang ihre Arme um seinen Hals und führte ihn zum Kamin.

»Leg dich hin«, sagte sie.

Am Kaminfeuer war es mollig warm. Der Bär legte sich brav hin. Das Mädchen kraulte ihn hinter den Ohren und sang dazu ein Lied. Ein Schlaflied – es klang tausendmal schöner als die herbstliche Wolfsmusik.

Der Bär wurde ganz schläfrig und dösig davon, und bald war er eingeschlafen. Den ganzen langen Winter schlief er vor dem Kamin des Mädchens – es war der beste Winterschlaf, den ein Bär nur haben kann.

Das Mädchen schürte das Feuer, kochte Essen und staubte die Möbel ab.

Dabei stieg sie jedes Mal vorsichtig über den Bären hinweg. Abends aber weckte sie ihn für eine kleine Weile. Dann bekam er etwas zu essen, und sie spielten zusammen, bis sie ihn wieder kraulte und ihr Lied sang.

Manchmal flüsterte sie in sein weiches Bärenohr: »Du musst für immer bei mir bleiben.«

Dann wurde es Frühling, und die Wärme kam nicht mehr vom Kaminfeuer, sondern von der Sonne draußen. Der Bär wachte nun täglich von allein auf und steckte seine Schnauze ins Freie, jedes Mal ein Stückchen weiter.

»Du musst bei mir bleiben, hörst du!«, rief das Mädchen.

Aber der Wind trug den Duft der vielen tausend Blumen auf den Bergwiesen heran. Und dieser verlockte den Bären, wieder herumzutollen, bis sein Pelz grün und gelb vom Blütenstaub war, er verlockte ihn, im Mondschein zu tanzen, die Hasen und Füchse zu erschrecken und wieder die richtige Wolfsmusik zu hören.

»Bleib bei mir!«, bat das Mädchen.

Doch der Bär war schon draußen, mit langen Sprüngen setzte er den Hang hinauf.

Den ganzen Frühling, den ganzen Sommer und den ganzen Herbst blieb er weg.

Das Mädchen hackte indessen Holz für das Winterfeuer, kochte, staubte die Möbel ab, und jedes Mal, wenn sie am Kamin vorbeiging, machte sie einen vorsichtigen großen Schritt.

Als der erste Wintersturm Hagel und Schnee brachte, zündete sie das Kaminfeuer an, setzte sich davor und sang den Flammen ihr Schlaflied vor. Noch ehe es zu Ende war, wurde an die Tür gehämmert.

»Kleiner Bär!«, rief das Mädchen – und schon stand er vor ihr, den Pelz voller Schnee.
»Was bist du groß geworden«, sagte sie. »Du passt ja gar nicht mehr vor den Kamin.«
Aber der Platz reichte gerade noch, und wieder schlief der Bär den ganzen Winter vor dem Kaminfeuer. Nun musste das Mädchen einen weiten Bogen um ihn machen, denn mit einem großen Schritt war es nicht mehr getan.
Alle Jahre zum Winteranfang stellte der Bär sich ein, jedes Mal war er ein Stück größer. Auch das Mädchen wurde größer, und als sie geheiratet hatte, sagte ihr Mann: »Ab jetzt muss der Bär in die Scheune.«

Sie legte Heu auf dem Boden aus, ganz viel Heu, und das war gut, denn als der Bär das nächste Mal kam, war auch er verheiratet. Mit einer Bärin.
Und in den Jahren darauf spielten die Menschenkinder mit den Bärenkindern. Winter für Winter.

DIE BRÜDER KITZELKRALLE

Berts Großvater behauptete, zaubern zu können. Was natürlich nicht stimmte, aber Bert glaubte fest daran, denn er war erst fünf Jahre alt. Er saß auf dem Knie seines Großvaters und machte allerhand Faxen, bis dieser sagte: »Hör auf damit, sonst rufe ich die Brüder Kitzelkralle.«

»Haha!«, lachte Bert.

»Eins-zwei-drei«, zählte Großvater, und schon waren Geräusche in der Luft zu hören: erst eine Art Schnipsen, dann Geflatter wie von Vögeln.

»Nein! Nicht!«, schrie Bert.

Aber es war zu spät. Er wurde in den Bauch gezwickt und gezwackt, es kitzelte so fürchterlich, dass er vor Lachen fast erstickte und sich nach allen Seiten wand, um von Großvaters Knie zu rutschen.
»Aufhören! Bitte«, keuchte er.
»Hinfort!«, befahl Großvater, und es war vorbei. Noch drei Schnipser und Geflatter in der Luft, dann herrschte Stille.
»Tja, mein Junge, mit den Brüdern Kitzelkralle ist nicht zu spaßen, das hast du nun gemerkt«, sagte Großvater.
»Wo kommen sie her?«, wollte Bert wissen.
»Aus den Bergen. Dort bewohnen sie ein Nest auf einem hohen Felsen. Aber wenn ich sie rufe, kommen sie im Nu.«
»Sind es Vögel?«
»Ja, aber keine gewöhnlichen, sondern Zaubervögel.«
Als Bert sieben Jahre alt war, begriff er, dass die Brüder Kitzelkralle einfach nur Großvaters Finger waren, dass *sie* das Schnipsen und Flattern und Zwicken und Zwacken zuwege brachten.
Als Bert neun Jahre alt war, starb sein Großvater. Bert betrachtete noch einmal seine Hände und dachte dabei: Jetzt sind auch die Brüder Kitzelkralle tot.

Großvater hatte ein Testament geschrieben, in dem stand, was mit seinen Besitztümern geschehen sollte. Jeder in der Familie bekam etwas, Bert jedoch nur einen Umschlag mit einem kurzen Brief darin.
»Lieber Bert«, las er,
»wenn du die Brüder
Kitzelkralle brauchst,
kannst du sie jederzeit
rufen. Sag einfach
›eins-zwei-drei‹.
Aber mach es nicht
zu oft.«

Bert musste lachen,
und zugleich kamen ihm die Tränen.
»Na, was hat Großvater dir geschrieben«, fragte seine Mutter.
»Nichts. Er hat nur einen Scherz gemacht«, sagte Bert.

Als er am nächsten Tag in der großen Pause mit seinen Freunden ein Wettrennen bis zur Mauer gegenüber machen wollte und, ehe sie losrannten, bis drei zählte, kam er als Einziger am Ziel an.
Und als Erster natürlich.
Die anderen wälzten und wanden sich am Boden und erstickten fast vor Lachen – als würden sie gekitzelt. Keuchend riefen sie: »Aufhören! Aufhören!«
»Was soll der Blödsinn?«, rief Bert, doch dann erschrak er. Ich habe ja »eins-zwei-drei« gesagt, dachte er, und jetzt …
»Hinfort!«, rief er.
Noch drei Luftschnipser, Geflatter wie von davonfliegenden Vögeln, und dann herrschte Stille.
»Warst du das? Oder du?«, fragten Berts Freunde einander.
Bert fragten sie zum Glück nicht. Was für eine Antwort hätte er auch geben sollen? Eine, an die er selbst nicht glaubte?
Im Unterricht saß er grübelnd auf seinem Platz. Das Ganze musste ein Zufall sein, an Zauberei glaubte er schon längst nicht mehr. Die Geschichte von den Brüdern Kitzelkralle war nett für kleine Kinder und außerdem – »eins-zwei-drei«, das war doch kein Zauberspruch! Alles Unsinn, dachte er und musste lachen.
»Was gibt es zu lachen, Bert?« Herr Feldhausen, der Lehrer, musterte ihn streng. »Hör auf damit, sonst stehst du eins-zwei-drei vor der Tür.«
Nichts geschah.
Bert atmete erleichtert auf. Na also, alles Unsinn. Wieder musste er lachen und sagte dann ganz frech: »Oje, jetzt muss ich bestimmt ›eins-zwei-drei‹ vor die Tür.«
Geflatter in der Luft. Herr Feldhausen fiel glucksend vom Lehrerstuhl und wälzte sich auf dem Boden.
»Hihi! Aufhören! Hihi!«, keuchte er.
Bert wurde leichenblass und zitterte an allen Gliedern.
»Hinfort!«, presste er hervor.
Mit hochrotem Kopf rappelte Herr Feldhausen sich auf. »Wer war das?«, brüllte er.
Aber wer hätte ihm darauf antworten sollen?

Abends im Bett dachte Bert: Ob es wohl doch wahr ist, woran ich mit fünf Jahren geglaubt habe? Vielleicht war Großvaters Brief gar kein Scherz. Und nicht seine Hände hatten ihn gezwickt und gezwackt, sondern tatsächlich die Brüder Kitzelkralle aus den Bergen. Und sie gehorchen nicht jedem, schloss Bert, nur mir, so wie sie früher Großvater gehorcht haben.
»Eins-zwei-drei«, sagte er laut, weil er die Brüder endlich einmal sehen wollte.
Nichts geschah.
Mich kitzeln sie also nicht, dachte Bert. Nur andere in meiner Nähe. Oder habe ich sie vielleicht schon zu oft gerufen? Oder es funktioniert nur bei Tag?
Er machte die Probe aufs Exempel, als er eine Woche später im Postamt vor dem Schalter stand.
»Ich hätte gern Briefmarken«, sagte er zu dem Beamten.
»Wie viele?«
»Eins-zwei-drei«, sagte Bert.
»Wa…?«, brachte der Mann gerade noch heraus, dann wand er sich auch schon lachend auf seinem Hocker, als würde er gerade fürchterlich gekitzelt werden.
Heimlich hielt Bert Ausschau nach Vögeln oder kitzelnden Händen.
»Was haben Sie denn?«, fragte er den Mann betont harmlos.

Der aber fuchtelte so wild mit seinen eigenen Händen, um die Brüder abzuwehren, dass Bert nichts erkennen konnte.
»Hinfort!«, murmelte er darum rasch und verließ das Postamt ohne Briefmarken.
Wieder eine Woche später versuchte Bert es in der Straßenbahn, wo neben ihm eine dicke Frau stand.
»Eins-zwei-drei«, flüsterte er und schaute aus dem Augenwinkel zu ihr hin. Sogleich schrie sie den hinter ihr stehenden Soldaten an: »Hände weg!« Sie glaubte, er wäre der Missetäter.
Es gab eine Mordsaufregung und Bert meinte, inmitten des Tumults etwas wie Flügel oder Hände oder Kitzelkrallen zu sehen. Und, als er »hinfort!« gerufen hatte, war ihm, als würde oben im Waggon etwas flattern, ehe es wie durch eine Wolkendecke verschwand.
Es gibt sie also wirklich, die Brüder Kitzelkralle, dachte er, und sie gehorchen mir. Immer. Haha.
Bert fand Gefallen am Schabernacktreiben. So fuhr er zum Beispiel mit dem Rad über den Bürgersteig direkt auf einen Polizisten zu. Der hob die Hand und gebot: »Halt, junger Mann, absteigen!« Bert jedoch rief »eins-zwei-drei« und fuhr einfach weiter. Bis zum Ende der Straße – erst dort rief er »Hinfort!«
Ein andermal kam ein Spielmannszug vorbei, und wieder rief er »eins-zwei-drei«. Daraufhin begannen die Musikanten zu hüpfen und sich zu krümmen, ihre Trommeln und Flöten gerieten aus dem Takt, und die Zuschauer am Straßenrand fielen vor Lachen fast um.
Und dann begegnete Bert auf der Straße mehreren großen Jungen, die ihn schikanieren wollten.
»Hier geht's nicht weiter«, sagten sie. »Für Knirpse wie dich ist der Durchgang verboten.«
»So, meint ihr?«, sagte Bert.
»Und ob!« Sie lachten. »Mannomann, du kannst bestimmt noch nicht mal bis drei zählen!«
»So, meint ihr?«, sagte Bert wieder. »Dann passt mal gut auf. Gleich liegt ihr alle auf dem Boden.«
Sie lachten noch lauter, während Bert ganz gelassen »eins-zwei-drei« sagte.

Und schon waren die Brüder Kitzelkralle zur Stelle. Jetzt war es an Bert zu lachen.

Eines Tages saß Bert im Bus. Direkt hinter dem Fahrer. Einen großen Bus lenken, das wollte er später auch einmal. Darum beobachtete er genau, wie der Mann von einem Gang in den nächsten schaltete. Von eins nach zwei nach drei.

Ganz plötzlich geriet der Bus ins Schlingern. Der Fahrer hatte das Steuer losgelassen und wand sich auf seinem Sitz.

»Hinfort!«, rief Bert.

Gerade noch rechtzeitig.

Ich muss beim Schalten leise mitgezählt haben, dachte er später. Um ein Haar hätte es einen schlimmen Unfall gegeben.

Er malte sich aus, was in Zukunft noch alles passieren könnte. Und mit einem Mal hatte er an dem, was sein Großvater ihm vererbt hatte, keine Freude mehr.

Nie mehr zähle ich bis drei, nahm er sich vor.

Das durchzuhalten, war alles andere als einfach. Bald aber fiel Bert eine Lösung ein. Wenn er laut zählen musste, sagte er: »Eins-zwei-drei-hinfort-vier-fünf-sechs.« Dann war nur kurz Geflatter zu vernehmen, aber weiter geschah nichts. Das heißt, abgesehen von ein paar Malen, wenn Bert sich furchtbar über jemanden geärgert hatte, und meinte, der andere hätte eine Lektion verdient.

Als Bert selbst Großvater geworden war und seinen eigenen Enkel auf die Knie nahm, um ihm von den Brüdern Kitzelkralle zu erzählen (und noch ein einziges Mal »eins-zwei-drei« zu sagen), musste der Junge laut lachen und rief: »Hihi, Großvater, das sind doch deine Hände!«

Er war nicht auf den Kopf gefallen, der Kleine. Aber Großvater Bert wusste es besser.

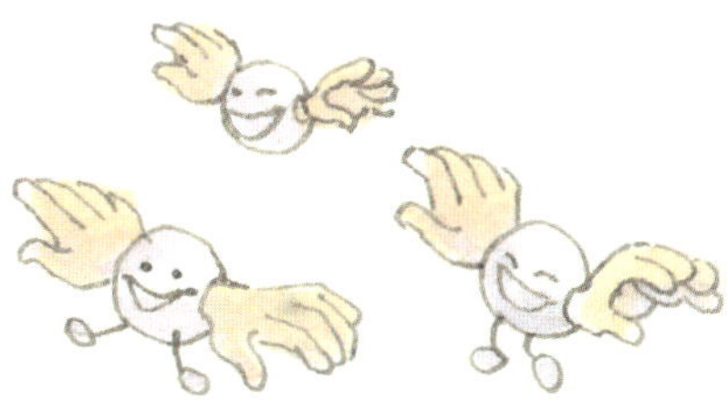

DIE EICHHÖRNCHENMÄNNER

Sonntags machte die Familie immer Picknick. An einem bestimmten Platz im Wald, wo drei hohe Buchen standen. Laura und ihre Brüder spielten, tollten herum, suchten Blumen, sammelten Bucheckern, Eicheln und Kastanien. Danach aßen alle ihre Schnitten, jeder aus seiner eigenen Brotdose. Einmal – sie saßen bereits im Auto, um nach Hause zu fahren – rief die Mutter plötzlich: »Laura, deine Brotdose! Du hast sie vergessen! Geh und hol sie.«

Laura lief los. Sie kannte den Weg genau: erst den Pfad entlang bis zu der dicken Eiche, dann an einem hohen Gebüsch vorbei… und da war die Dose auch schon! Von der Sonne beschienen, glänzte sie im Gras. Laura hob sie auf und rannte zum Auto zurück.
Erst abends im Bett dachte sie wieder an die Dose. Jemine, sie hätte sie sauber machen müssen! Wenn Mama am nächsten Morgen merkte, dass noch das Papier und jede Menge Krümel darin waren, würde sie schimpfen.
Leise schlüpfte Laura aus dem Bett, ging in die Küche, schnappte sich die Dose vom Tisch und eilte auf Zehenspitzen zurück in ihr Zimmer. Unter der Lampe nahm sie den Deckel ab und wollte die Dose gerade über dem Papierkorb ausleeren, da sah sie etwas, das sie stutzen ließ.
Unter dem zerknitterten Papier ragten zwei Füße hervor. Zwei Füße in schwarzen Schuhen und roten Strümpfen.
Mit vor Aufregung zittrigen Fingern zog Laura das Papier weg.
So etwas! Zwischen den Brotkrümeln lag ein winziger Mann. Er hatte blonde Locken und ein braunes Gesicht, seine Jacke war gelb und seine Hose grün, und in der Hand hielt er einen langen Grashalm. Im bunten Herbstlaub wäre er niemandem aufgefallen.
»Tür zu! Es zieht!«, quietschte der Kleine.
»W-w-welche Tür?«, stotterte Laura.
»Ich… äh… meine…« Plötzlich fuhr das Kerlchen in die Höhe. »Oje, ich habe verschlafen. Oje, jetzt kriege ich Schimpfe.«
»Schimpfe? Von wem?«, fragte Laura.
Aber der Kleine gab keine Antwort. Mit großen Augen blickte er sich im Zimmer um. »Wo ist der Wald?«
»Der Wald? Kommst du aus dem Wald?«, fragte Laura.
»Ja, natürlich.«
»Bist du vielleicht ein Zwerg?«
»Blödsinn! Zwerge wohnen unter der Erde.«
»Und wo wohnst du?«
»Auf den Bäumen natürlich«, sagte er.
»Aber wer bist du?«, fragte Laura.
»Wer ich bin? Ich bin Diezenbach.«
Laura blinzelte. »Wie bitte?«

»Die-zen-bach!«, schrie das Kerlchen nun wütend. »Diezenbach, der immerzu Schimpfe kriegt. Diezenbach, der dies tun muss, und Diezenbach, der das tun muss. Diezenbach, der sich um die Eichhörnchen kümmern muss, der die Eichhörnchen füttern und putzen und bürsten muss. Diezenbach, der die Schuld bekommt, wenn ein Eichhörnchen abhaut, und Diezenbach, der es dann suchen muss. Kapiert?«

Laura blieb der Mund offen stehen. »Eichhörnchen …?«, sagte sie dann fragend.
»Ja, natürlich. Ihr habt doch Pferde.«
»Wir nicht«, erwiderte Laura. »Wir haben kein Pferd.«
»Mag sein, aber Menschen reiten doch auf Pferden!«, rief Diezenbach ungehalten. »Und du bist ja wohl ein Mensch, oder?«
»Ja«, sagte Laura leise. »Ich bin ein Mädchen. Und ich bin schon sieben.«
»Und ich bin *zwölf*«, sagte Diezenbach. »Und wir haben Eichhörnchen. Aber ich darf nicht auf ihnen reiten. Ich muss mich nur um sie kümmern. Und auf sie aufpassen. Pah! Aber jetzt nicht, jetzt bin ich ja hier.«
»Hast du dich etwa absichtlich in meiner Brotdose versteckt?«, fragte Laura. »Um wegzulaufen?«
»Aber ja«, sagte Diezenbach. »Und hier bleibe ich auch.«
»Oh«, sagte Laura.
»Und zwar da.« Diezenbach deutete auf Lauras Puppenhaus. »Da will ich wohnen.«
»Na gut«, sagte Laura. »Aber nur, wenn du keine Unordnung machst.«
Das versprach Diezenbach, und Laura stellte die Brotdose vor die Puppenhaustür, damit er gleich hineingehen konnte.
»Junge, Junge«, sagte er. »Ist das schön hier!« Und er lief sogleich die Treppe hinauf und wieder hinunter und wieder hinauf. »Kann ich in diesem Zimmer schlafen?«

»Nein«, sagte Laura. »Das ist Susannes Zimmer. Du musst ins Gästebett, das steht nebenan.« Sie zeigte mit dem Finger darauf, und Sekunden später lag Diezenbach auch schon im Gästebett.

»Da passe ich genau rein!«, rief er. »Aber ich habe keinen Schlafanzug.«

Laura suchte einen Puppenschlafanzug für ihn heraus.

Verrückt ist das, dachte sie, als sie wenig später beide – jeder in seinem Bett – unter der Decke lagen. Verrückt und schön und aufregend. Ein echter lebendiger Eichhörnchenmann wohnt jetzt in meinem Puppenhaus. Wenn ihn bloß niemand entdeckt. Wenn ihn bloß meine Brüder nicht finden. Wenn …

Als Laura am nächsten Morgen aufwachte, wusste sie erst gar nicht mehr, was am Abend vorher geschehen war. Aber kaum traf ihr Blick die Brotdose beim Puppenhaus, fiel es ihr wieder ein. Genau, Diezenbach!, dachte sie. Rasch säuberte sie die Brotdose und stellte sie auf den Tisch, dann spähte sie ins Puppengästezimmer.

Da lag er, der Eichhörnchenmann, und schnarchte. Sollte sie ihn schlafen lassen? Nein, besser nicht. Er musste sich verstecken, ehe jemand ins Zimmer kam. Vorsichtig stupste sie ihn mit dem Finger an.

Diezenbach fuhr hoch.

»Oje, ist schon wieder eines abgehauen?«, quietschte er.

»Pssst!«, machte Laura. »Sei still und versteck dich. Sonst sehen dich die anderen.«

Auch Diezenbach musste kurz überlegen, dann erinnerte er sich wieder an alles. »Oooh!«, rief er. »Hipp-hipp-hurra! Ich bin hier! Ich brauche keine Eichhörnchen mehr zu putzen.«

»Stimmt, aber verstecken musst du dich trotzdem«, flüsterte Laura. »Wenn meine Brüder dich finden …«

»Keine Lust«, sagte Diezenbach. »Ich bleibe in diesem schönen Haus. Und wenn jemand ins Zimmer kommt, tu ich einfach so, als wäre ich eine Puppe.«

Verdutzt sah Laura ihn an.

»So wie die da.« Diezenbach wies auf Susanne und die anderen Puppen auf den Sesseln im Zimmer nebenan. »Dann glauben deine Brüder, ich bin auch eine.«

Laura hatte Bedenken, aber Diezenbach dachte gar nicht daran aufzustehen. Er räkelte sich genüsslich und meinte: »Heute will ich im Bett frühstücken.«
Schnell zog Laura sich an. Ehe ihre Mutter sie zur Schule brachte, konnte sie gerade noch mit einer halben Scheibe Brot in ihr Zimmer huschen.
»Hier, bitte«, flüsterte sie. »Mit Erdnussbutter.«
»Liebe Güte, das ist ja so groß wie eine Matratze«, sagte Diezenbach. »Könntest du es nicht in Reiterchen schneiden?«
Aber dafür war keine Zeit mehr, denn Lauras Mutter rief bereits ungeduldig, sie solle sich beeilen.
Im Unterricht musste Laura die ganze Zeit an den Eichhörnchenmann in ihrem Puppenhaus denken.
»Du bist heute gar nicht bei der Sache«, mahnte die Lehrerin immer wieder.
Aber niemand entdeckte Diezenbach, und am Abend erzählte er Laura vom Wald, in dem er wohnte. »Wir haben dort in einer hohen Eiche eine große Zweigestadt. Alle Häuser, Türme und Straßen sind aus Zweigen gebaut. Und die Ställe für die Eichhörnchen natürlich auch.«
»Ich habe noch nie ein Eichhörnchen mit einem kleinen Mann auf dem Rücken gesehen«, sagte Laura.
»Das waren dann welche, die abgehauen sind«, erklärte Diezenbach.
»Ach so«, sagte Laura. »Und du selbst darfst nicht auf ihnen reiten?«
»Nein, erst wenn ich Stiefel habe. Dann darf ich.«
»Ach so«, sagte Laura wieder.
Dann gingen sie beide zu Bett, und am nächsten Morgen brachte Laura Diezenbach wieder eine halbe Scheibe Brot. Diesmal mit Heidelbeermarmelade bestrichen und in Reiterchen geschnitten.
»Prima, schmeckt fein«, sagte Diezenbach.
Auch an diesem Tag entdeckte niemand den Eichhörnchenmann im Puppenhaus, doch am Abend fiel Laura auf, dass er sämtliche Stühle, Tische und Schränke umgestellt hatte.
»Du solltest doch keine Unordnung machen«, sagte sie. »Das hast du mir versprochen.«
»Ich habe mich eben gelangweilt«, sagte Diezenbach.
Als Laura tags darauf nach der Schule in ihr Zimmer kam, standen dort ihre

Brüder, und vor ihnen auf dem Tisch lag Diezenbach – regungslos. »Hast du seit Neuestem einen Puppenmann?«, fragten sie.
Erst war Laura wie gelähmt vor Schreck. Dann rief sie empört: »Was habt ihr mit ihm gemacht?«

»Nichts, gar nichts. Nur angeschaut und ein bisschen mit ihm gespielt. Man kann seine Arme und Beine bewegen.«
»Wo sind seine Schuhe?«, fragte Laura.
»Er hatte keine an.«
»Hatte er wohl!«
»Hatte er nicht!«
Lauras Mutter eilte herbei, um den Streit zu schlichten. Die Jungen wurden aus dem Zimmer geschickt. »Du hast ja eine neue Puppe«, stellte die Mutter dann fest und sah Laura fragend an.
»Das ist Diezenbach«, sagte Laura und begann zu weinen. »Sie haben ihn totgemacht! Und seine Schuhe verschlampt!«
»Ach was, ich bin doch nicht tot«, brummte Diezenbach, ohne sich zu rühren. Die Mutter hörte es nicht, weil Laura so schluchzte.
»Nun beruhige dich doch«, sagte sie. »Schau mal, er ist noch heil. Und ich kaufe neue Schuhe für ihn.«
»Stiefel!«, quietschte Diezenbach.
Das wiederum hörte die Mutter. Aber sie glaubte, Laura hätte es gesagt.
»Stiefel! Eine prima Idee!«, rief sie. »Die werden ihm gut stehen. Aber nun hör auf zu weinen.«
Laura nickte, und als ihre Mutter das Zimmer verlassen hatte, nahm sie Diezenbach in beide Hände.
»Haben sie dir wehgetan?«, fragte sie.
»Ach was«, sagte Diezenbach. »Bring mir lieber ein Stück Schokolade auf den Schreck.«
Das tat Laura, und Diezenbach blieb weiterhin im Puppenhaus wohnen, als wäre nichts geschehen.
Am nächsten Tag kaufte Lauras Mutter Puppenstiefel. »Hoffentlich passen sie«, sagte sie.

Laura lief mit dem Stiefeln in ihr Zimmer. Diezenbach schlüpfte hinein und stapfte drei Mal die Treppe hinauf und hinunter. »Wie angegossen!«, rief er. Das hieß, dass sie genau passten. »Hipp-hipp-hurra, jetzt kann ich auf den Eichhörnchen reiten! Ich will wieder in den Wald!«

»Ach ...«, sagte Laura. »Na gut. Am Sonntag machen wir wieder Picknick. Da nehme ich dich mit.« Und insgeheim dachte sie: Vielleicht bekomme ich dann die Zweigestadt zu sehen.

Endlich war es Sonntag. Endlich ging es zum Picknick. Endlich konnte Laura rasch in ihr Zimmer huschen und Diezenbach in ihre Brotdose legen. Zu den Schnitten. »Aber nicht zu viel davon essen, hörst du!«, sagte sie.

Sie fuhren mit dem Auto zum Wald. Unter den drei hohen Buchen breiteten sie die Decke aus, und Laura rief: »Los, wir spielen Verstecken!«

Damit waren alle einverstanden. Der Vater sollte suchen. »Ich zähle bis hundert«, verkündete er und hielt sich auch gleich die Augen zu.

»Komm, Laura!«, riefen die Brüder, »wir wissen ein gutes Versteck!«

Aber Laura schüttelte den Kopf. »Ich gehe lieber allein«, sagte sie.

Als ihre Brüder davongerannt waren und die Mutter kurz wegschaute, öffnete sie rasch ihre Brotdose, holte Diezenbach heraus und lief los.

»Wo ist eure Zweigestadt?«, fragte sie.

»Noch ein ganzes Stück entfernt«, antwortete der Eichhörnchenmann. »Stell mich hier auf den Boden.«

Laura tat es.

»Dann also tschüss«, sagte Diezenbach.

»Willst du wirklich gehen?«, fragte Laura. »Sehe ich dich dann nie mehr wieder?« Mit einem Mal war sie traurig. Es war so schön gewesen, dass der Eichhörnchenmann eine Woche lang in ihrem Puppenhaus gewohnt hatte, er war ihr ans Herz gewachsen wie ein richtiger Freund.

»Klar will ich gehen«, sagte Diezenbach. Er bückte sich, spuckte auf seine Stiefel und polierte sie mit dem Jackenärmel, bis sie glänzten. »Jetzt darf ich auf den Eichhörnchen reiten. Mach's gut und danke für alles. Am besten, ich beeile mich, sonst gibt es noch mehr Schimpfe. Schließlich war ich eine ganze Woche fort.«

»Darf ich ...«, begann Laura, doch Diezenbach lief bereits los. »Darf ich nicht mit bis ... nun warte doch!«

Kurz entschlossen folgte Laura dem Eichhörnchenmann. In der Ferne hörte sie ihren Vater rufen: »Hundert! Ich komme!« Aber ans Versteckspielen dachte sie nicht mehr. Sie lief hinter Diezenbach her, immer tiefer in den Wald hinein.

Diezenbach war unglaublich schnell. Fast so schnell wie die Eichhörnchen, dachte Laura, bei denen kommt auch keiner mit. Sie rannte, was sie konnte, kam ins Keuchen, lief rot an und wurde müde… und auf einmal hatte sie den Eichhörnchenmann aus den Augen verloren.

»Diezenbach!«, rief sie.

Keine Antwort, nur ein weit entfernter Ruf: »Lau-raaa! Wo steckst du?«

Sie rannte weiter. Schaute nach links und nach rechts. Jetzt habe ich ihn wirklich verloren, dachte sie, und sehe ihn nie mehr wieder.

Unter einer sehr hohen Eiche hielt sie inne und hob den Blick. Zu ihrer Überraschung war der Baum voller Eichhörnchen. Sie saßen nebeneinander oder huschten über die Zweige und – nein, so etwas! – die Zweige bildeten Straßen und Plätze und Häuser und Türme.

Die Stadt!, dachte Laura. Ich habe die Zweigestadt der Eichhörnchenmänner gefunden!

»Diezenbach!«, rief sie in die Höhe.

Dann versuchte sie, auf den Baum zu klettern, aber der Stamm war zu glatt. Plötzlich fiel ihr etwas ein. »Hört mal!«, rief sie. »Hört mal, ihr Eichhörnchenmänner! Ihr dürft Diezenbach nicht schimpfen. Er ist lange fort gewesen, aber ich habe ihn nicht früher zurückbringen können. Und er war auch ganz brav. Und Stiefel hat er bekommen. Lasst ihr ihn jetzt bitte auf den Eichhörnchen reiten?«

Von oben kam kein Laut.

»Hallo! Hört ihr mich?«, rief Laura.

Und auf einmal war ihr, als würde sie träumen. Denn die Eichhörnchen, die davongesprungen waren, als Laura das erste Mal gerufen hatte, tauchten wieder auf und kamen in einer langen Reihe den Stamm herab. Jedes mit einem kleinen Mann auf dem Rücken.

Laura wich ein Stück zurück, aber die Reiter galoppierten direkt auf sie zu und stellten sich dann in einem weiten Kreis um sie auf.

»Hallo, Menschenkind!«, ertönte ein Chor von Quietschestimmen. »Du

hast unseren Tunichtgut zurückgebracht. Dankeschön!« Sämtliche Männchen zogen ihre Mützen und verneigten sich.
Das ist ja wie im Zirkus, dachte Laura, und sie sagte: »Hallo, ihr Eichhörnchenmänner! Schön, euch zu treffen …«
Weiter kam sie jedoch nicht, denn es schallten Stimmen durch den Wald: »Laura! Laura, wo steckst du?«
Blitzschnell rannten die Eichhörnchen – *hoppeldiepoppel* – mit ihren kleinen Reitern davon.
Nur eines war stehen geblieben. Es trug Diezenbach auf dem Rücken.
»Schau mal!«, rief er stolz. »Mein Eichhörnchen! Und ich habe überhaupt keine Schimpfe bekommen!«
Dann drückte er seinem Reittier die Stiefelabsätze in die Flanken, und ehe Laura sich's versah, war es an ihrem Kleid empor bis auf die Schulter geklettert. Im nächsten Moment gab Diezenbach ihr einen spitzen Kuss auf die Wange. »Und tschüss!«, rief er.
Sekunden später war er mit seinem Eichhörnchen zwischen den Baumstämmen davongaloppiert.
Wie vom Donner gerührt stand Laura da, als ihre Eltern und die Brüder auftauchten.
»Warum hast du dich so weit weg versteckt?«, wollten sie wissen.
Als Laura ihnen später alles erzählte, glaubte ihr keiner. »Du mit deinem Diezenbach!«, spotteten die Brüder. »Der war doch bloß eine Puppe.«
Da sagte Laura nichts mehr. Aber immer, wenn sie im Wald Picknick machten, suchte sie nach der Zweigestadt. Aber sie fand sie nicht mehr. Und jedes Eichhörnchen, das sie sah, war ein abgehauenes, denn nie saß ein kleiner Mann auf seinem Rücken.

JORIS UND DER DRACHE

Joris hat Pfeil und Bogen geschenkt bekommen. Damit schießt er auf die Wand am Ende des Flurs. Wenn Joris trifft, bleibt der Pfeil haften, denn er hat keine Spitze, sondern einen schwarzen Gummisaugnapf.

»Genau so funktionieren Fliegenbeine«, erklärt sein Vater.

»Aha«, sagt Joris und übt weiter.

Am nächsten Tag trifft er schon zehn Mal nacheinander. Er schultert den Bogen, nimmt einen Pfeil und geht zur Haustür.

»Was hast du vor?«, fragt seine Mutter.

»Ich will einen Drachen schießen«, antwortet Joris.

»Wo denn?«

»Im Park.«

»Wohnt denn ein Drache im Park?«

Joris nickt voller Überzeugung. Mit Drachen kennt er sich aus. »Klar wohnt da ein Drache«, sagt er. »Mit einem hunderttausend großen Maul, in das zehn Menschen reinpassen.«

Joris ist jetzt ein tapferer Jäger. Er geht den Bürgersteig entlang bis zum Eingang des Parks. Dort nimmt er den Bogen von der Schulter, legt den Pfeil ein und schleicht, um sich spähend, hinein.

Auf einer Bank sitzt ein Mann. »Na, Junge, bist du auf der Jagd?«, fragt er.

»Pssst!«, flüstert Joris. »Ich suche den Drachen.«

»Oooh! Ist es ein gefährlicher Drache?« Der Mann flüstert jetzt auch.

»Ja. Er hat achtzehnhundert Schuppen und tausend Beine.«

»Ui, dann sei bloß vorsichtig«, sagt der Mann.

Joris ist vorsichtig. Den Pfeil im Anschlag, schleicht er geduckt weiter. Am Rand des Rasens entlang und unter Bäumen hindurch bis zum Teich. Dort rennen Kinder herum, Erwachsene sitzen auf Bänken, Enten schwimmen und schnattern, Hunde spielen im Gras.

Wo steckt der Drache?

Hinter Joris raschelt es. Mit einem Ruck fährt er herum, aber es ist nur ein Mann, der seine Zeitung zusammenfaltet.

»Was tust du da?«, fragt der Mann.

»Ich will einen Drachen schießen«, sagt Joris.

»Unfug! Drachen gibt es nicht«, sagt der Mann. »Mach, dass du nach Hause kommst, Kleiner. Und tu das gefährliche Spielzeug weg.«

Joris sieht ihn mit großen Augen an. Der Mann ist erwachsen, wie sein Vater – wie kommt er bloß auf die Idee, dass es keine Drachen gibt?

»Ich gehe nicht nach Hause«, sagt Joris und schleicht weiter, vorbei an zwei strickenden Omas. Die beiden lachen miteinander.
»Ich schieße einen furchtbar großen Gruseldrachen!«, ruft Joris ihnen zu. »Mit sieben Köpfen und vierzehn Schwänzen. Er ist supergefährlich und kann mit einem Happs die ganze Bank verschlingen, samt euch beiden drauf. Und brüllen kann der, achtzighundert laut! Genau den Drachen schieße ich!«
Den beiden Omas ist der Schreck anzusehen, aber das kümmert Joris nicht. Er geht weiter.

Aus einem Gebüsch kommt Gebrüll. Ganz bestimmt hat der Drache sich darin versteckt. Joris spannt seinen Bogen und schießt.
Das Gebrüll wird lauter, und plötzlich springen fünf, sechs, sieben große Jungen hervor. Einer von ihnen hält den Pfeil in der Hand. Sie bauen sich vor Joris auf. »Her mit dem Ding! Damit schießen jetzt wir!«, ruft einer, und ein anderer reißt Joris den Bogen weg.
Joris rafft seinen ganzen Mut zusammen. »Gebt her!«, ruft er. »Der Bogen gehört mir!«
Aber die Jungen lachen ihn nur aus. Da fängt Joris an zu weinen.
Ein Mann hat das Ganze beobachtet. »Heda, ihr Feiglinge!«, ruft er zornig. »Lasst den Kleinen in Ruhe!«
Die Feiglinge werfen den Pfeil und den Bogen hin und ergreifen die Flucht.
»Bitte sehr!« Der Mann gibt Joris Pfeil und Bogen wieder. »Wisch dir die Tränen ab und geh nach Hause.«
Das macht Joris. Er ist kein tapferer Jäger mehr, sondern ein verängstigter Hase, der Fersengeld gibt.
Zu Hause erzählt er seiner Mutter, was passiert ist, und schon wieder fließen die Tränen.
Am Abend fragt sein Vater: »Wie viele Jungen waren es, Joris?«
»Sieben, glaube ich«, sagt Joris.
»Und der Drache, den du jagen wolltest, wie viele Köpfe hat der?«
»Auch s-s-sieben«, stottert Joris.
»Na denn«, sagt der Vater. »Du hattest es also doch mit einem Drachen zu tun, und der nette Mann hat dir geholfen, ihn zu verscheuchen.«
»Stimmt«, sagt Joris. »Stimmt eigentlich …«
»Du bist ein tapferer Junge, Joris«, sagt der Vater. »Aber siebenköpfige Drachen sind mächtig stark, das weißt du nun. Denen darf man sich nicht allein entgegenstellen. Versprich mir, dass du das nie mehr machst.«
Joris verspricht es.
Seitdem jagt er keine Drachen mehr. Und er hat auch nie einen Drachen gesehen, schon gar keinen mit achtzehnhundert Schuppen und einem hunderttausend großen Maul.

HEIN, DER FROSCH

Es war einmal ein Frosch namens Hein. Er hatte so ungeheuer kräftige Hinterbeine, dass er weiter springen konnte als jeder andere Frosch. Hein lebte in einem Gartenteich und fühlte sich sehr einsam, weil keine anderen Tiere da waren, nicht einmal rote Flöhe.
Als er eines Tages durchs Gras hüpfte, entdeckte er einen anderen Teich. Einen kleinen nur, aber er war voller Leben und Bewegung.

Da muss es schön sein, unter so vielen anderen, dachte Hein. Er machte den allergrößten Sprung seines Lebens – *tschumm!* –, denn der Teich befand sich ziemlich weit oben, und landete mit einem Platscher mitten darin.

Es war jedoch kein Teich. Sondern ein großes Fischglas, das am offenen Fenster stand.

»He, was soll das?«, riefen die Stichlinge und die Kaulquappen und die Guppys und der einzige Goldfisch. »Hier ist es auch ohne dich voll genug! Hau ab!«

»Oh Verzeihung!«, rief der erschrockene Hein mit seiner heiseren Quakstimme. Er kletterte über den Rand, aber weil das Glas glitscheglatt war, rutschte er ab und landete – *platsch!* – auf dem Holzfußboden des Zimmers.

»Hmmm, so war das nicht gedacht«, brummte er und blickte sich verdattert um.

»Erst mal hier rauf«, beschloss Hein. Er sprang in die Höhe und landete – *schepper, klirr!* – auf dem Tisch mit dem Teeservice. Das Milchkännchen kippte um, aber das kümmerte Hein nicht, er hüpfte von einem Stapel Unterteller wieder auf den Boden hinab. *Tschumm-plopp*, auf den Teppich.

Und *tschumm-plopp* in die Mitte des Teppichs und *tschumm…* wieder herunter. Auf Bobbies Spielzeugwagen, der *ratterdieknatter* samt Hein lossauste und *rums* an die Wand knallte.
»Quaaak!«, rief Hein. »Ein Zusammenstoß! Nichts wie weg!«
Er sprang so hoch er konnte und landete auf dem Schirm der Tischlampe. Dick und schwer, wie unser Frosch war, fiel die Lampe um. *Krach, schepper!* Hein nahm Reißaus.

Tschumm-plopp, tschumm-plopp, tschumm-plopp, ging es über den Teppich und *tschumm-platsch* über den Holzfußboden auf die andere Seite des Zimmers. Dort wollte Hein erst einmal verschnaufen. Ich muss hier weg, ich muss hier weg, ich muss hier weg!, dachte er. Am besten auf das Ding da und von dort ins Freie!
Gedacht, getan – *tschumm!*
»Das Ding« war ein Klavier. *Kling-klang-klong* machte es, als Hein über die Tasten hüpfte. Er sprang vom F auf das H. Dann auf das D, das G, das Fis, das A, das höchste C… und in dem Augenblick wurde die Tür aufgerissen.

»Bobbie!«, rief eine wütende Stimme. Aber Bobbie saß nicht am Klavier. Er war nicht einmal im Zimmer.
Hein machte einen Riesensatz in Richtung Fenster. *Tschumm!*
Aber es war nicht das Fenster, durch das er hereingekommen war. Sondern ein anderes – ein geschlossenes. *Klatsch!* Hein prallte gegen die Scheibe und fiel halb betäubt auf den Sims.

»Ein Frosch!«, gellte es, und die Tür schlug wieder zu.
»Oh weh! Mein Kopf, mein Kopf!« Hein wartete, bis der Schmerz nachließ. Dann blickte er sich um. Aha, da drüben ist das richtige Fenster!, dachte er. Er sprang, *tschumm*, vom Fenstersims, *platsch*, auf den Boden.
Da wurde die Tür schon wieder aufgerissen. Herein kamen der Vater und die Mutter, das Dienstmädchen, die Putzfrau und Bobbie.
»Huch, ein Frosch!«, tönte es. Und: »Wir müssen ihn fangen!«

Tschumm-plopp. Tschumm-platsch. Tschumm-plopp.
Panisch sprang Hein auf den Teppich, auf den Holzboden, auf den Türvorleger.
»Mach schon, Bobbie! Fang ihn!«, befahl der Vater.
»Wirf ein Tuch über ihn!«, rief die Mutter.
»Einen Eimer!«, schrie das Dienstmädchen.
»Den Besen!«, kreischte die Putzfrau.
Peng! Bobbies Hand schlug direkt neben Hein auf den Vorleger.

Der Frosch sprang – *tschumm!* – auf den Tisch.
Peng! Bobbies Hand schlug auf die Tischplatte.
Tschumm und ... *schepper, klirr* ...
»Mein Service!«, rief die Mutter.
Hein landete – *pitsch!* – in der Milchlache auf dem Boden.
Wusch, machte der Besen.
Wieder sprang Hein. *Tschumm!*
»Zu Hilfe!«, keuchte er. »Zu Hilfe!« *Tschumm-plopp* auf den Teppich und *tschumm* ...
Wo war der Frosch nun?

Ein paar Augenblicke herrschte Stille.
»Da, auf dem Sofa!«, schrie die Mutter. »Lieber Himmel, die guten Polster!«
Peng! Bobbies Hand schlug erneut zu.
Tschumm! Hein entkam über die Sofalehne.
»Wieder daneben, du Tollpatsch!«, schimpfte der Vater.
Und dann brach ein fürchterlicher Lärm los. Alle riefen durcheinander, aber seltsam ... Hein hörte die Stimmen wie aus weiter Ferne.
»Wo ist er?« – »Schau unters Sofa!« – »Fast hättest du ihn gehabt!« – »Wir hätten den Eimer über ihn stülpen sollen!« – »Wo ist das Staubtuch?« – »Hier! Hast du keine Augen im Kopf?« – »Nun sucht ihn doch!« – »Keine Ahnung, wo er steckt!« – »Hinter dem Vorhang vielleicht?«

Das Stimmengewirr drang gedämpft an Heins Ohren, wie er da im Stockdunkeln saß. Ja, im Stockdunkeln, denn er war in einen großen Tonkrug gesprungen, der hinter dem Sofa stand.
Wenigstens bin ich in Sicherheit, dachte Hein, hier finden sie mich nie.

Und er sollte recht behalten. Niemand kam auf die Idee, in den Krug zu schauen. – Aber als die Tür zugeschlagen und es eine Stunde lang still geblieben war, fühlte Hein sich fürchterlich einsam und begann sich zu ängstigen. »Oooh weeeh … komme ich hier je wieder raus?« Er seufzte. »Ich bin gefangen, ohne Wasser und ohne Licht.« Er schaute nach oben. Durch die kleine Öffnung drang kaum Helligkeit zu ihm.
Hein machte sich daran, die Krugwand emporzuklettern, rutschte aber immer wieder ab. Er versuchte es mit Sprüngen. *Tschumm! Tschumm! Tschumm!* Ohne Erfolg – die Öffnung war einfach zu eng.
Schließlich stimmte er ein trauriges Lied an.

»Quak-quak-quak! Ganz grässlich hier.
Kein Gras, kein Wasser, kein Getier.
Will nichts wie fort vom düstern Ort.
Quak-quak …«

Die Tür ging wieder auf, und Hein verstummte.
Das Dienstmädchen und die Putzfrau kamen herein. Sie fingen an zu fegen, zu scheuern, zu bohnern – *wusch, wasch, wisch*. Und abzustauben – die Stühle, die Tische, das Klavier, den Fenstersims. *Peng!* Der Handfeger knallte an das Fischglas und *pang!* war ein großer Sprung darin. *Gluck-gluck-gluck* – in einem dünnen Strahl entwich das Wasser.
»Ach du je!«, rief das Dienstmädchen erschrocken.
»Dummes Ding«, schalt die Putzfrau.

»Oh weh, was mache ich bloß?«, rief das Dienstmädchen. »Jetzt gehen die Fische ein, und ich bin schuld daran! Das wird ein Donnerwetter geben!«
»*So* machen wir das!« Energisch ergriff die Putzfrau das Fischglas, und ehe alles Wasser herauslaufen konnte, goss sie es mitsamt den Stichlingen, den Kaulquappen, den Guppys und dem einzigen Goldfisch – in den Tonkrug!
»*Quek-quak-quok*, was ist *das?*«, wunderte Hein sich.
»Hilfe! *Glupp-glipp!*« – »*Glupp-glopp*, weg da!« – »Au, nicht drängeln!« – »So dunkel, wo sind wir?«, jammerten allerhand Stimmen um ihn herum.
Das Dienstmädchen und die Putzfrau hörten nichts von den Rufen, denn sie hatten das Zimmer schon verlassen, um ihr Missgeschick zu beichten.
»Haha, geschieht euch recht!«, rief Hein den anderen zu. »Vorhin wollet ihr mich nicht in eurem Glas haben. Und jetzt seid ihr bei mir im Krug gelandet! Hahaha, *quek-quek-quek!*«
Lange hätten sie es in der Enge und Dunkelheit nicht miteinander ausgehalten. Aber das war auch nicht nötig.
Denn als der Vater und die Mutter hörten, was passiert war, beschlossen sie, die Fische allesamt in den Teich zu setzen.
Bobbie goss den Krug über dem Wasser aus.
Plitsch, der Goldfisch landete im Teich. *Plitsch-plitsch-plitsch* folgten die Stichlinge und die Kaulquappen und die Guppys. Und als Letzter kam Hein: *Tschumm-plitsch*.
»He, der Frosch!«, rief Bobbie.
»Ich heiße nicht He, sondern Hein«, brummte Hein, ehe er zum schlammigen Grund hinabtauchte.
Von da an lebten alle einträchtig im Teich zusammen.

DIE JUNGFER

Es war einmal eine Jungfer, die lebte im Schilfdickicht an einem Kanal. Sie war nur drei Daumenlängen groß und trug ein schwarzes Kleid, das ihr bis zu den Füßen reichte. Wenn die Sonne morgens aufging, setzte sie ihren Hut auf, und wenn die Sonne abends unterging, nahm sie den Hut wieder ab. Ihr Haus war aus Seerosenblättern, ihr Bett aus Binsen, ihr Kopfkissen aus Krauseminze und ihre Decke aus rotem Sauerampfer.

Den lieben langen Tag war sie damit beschäftigt zu fegen und zu kochen, montags aber wusch sie ihre Wäsche in einem alten Schuh neben ihrem Haus. An windigen Tagen zog es dort fürchterlich, denn die Sohle hatte sich gelöst, sodass die Schuhnägel ein Gitter bildeten.

So verbrachte die Jungfer ihre Tage – im Sommer und im Winter, im Frühling und im Herbst, ein Jahr ums andere. Im Frühling kochte sie Dottersuppe, im Sommer backte sie Kuchen aus wilden Wicken, im Herbst machte sie Brombeeren ein, und im Winter schmorte sie Wasserlinsen. Aber wenn alles mit Eis überzogen war, litt sie Hunger.

»Warum gehen Sie nie auf der Wiese spazieren?«, fragten die Rohrsänger sie einmal.

»Hier im Schilf ist es so schön«, antwortete die Jungfer.

»Haben Sie die Wiese denn schon einmal gesehen?«, fragten die Vögel.

»Nein«, antwortete die Jungfer.

»Sie ist nur zehn Schritte von hier entfernt. Sie ist grün vom Gras, gelb von den Butterblumen, blau von den Vergissmeinnicht, rot vom Klee und weiß von den Gänseblümchen«, sagten die Rohrsänger. »Das müssen Sie sich ansehen!«

»Das Schilf raschelt so schön«, antwortete die Jungfer und fegte ihr Seerosenhaus sauber, setzte sich ans Fenster und betrachtete den blauen Himmel über den schwankenden Schilfstängeln.

»Setzen Sie sich auf meinen Rücken!«, rief eine der Enten im Kanal. »Dann machen wir einen Ausflug, und Sie sehen etwas von der Welt.«

»Nirgendwo ist es schöner als im Schilf«, antwortete die Jungfer.

»Haben Sie den breiten Kanal denn schon einmal gesehen und das plätschernde Wasser an der Steinbrücke?«, fragten die Enten.

»Nein«, antwortete die Jungfer.

»Im Wasser spiegelt sich der Himmel mit der Sonne. Es ist tief und breit, man kann weit blicken und sehen, dass die Welt groß ist. Viel größer als Ihr Zuhause im Schilf.«

Aber die Jungfer schüttelte ihr Bett auf, aß ihre Abendsuppe, betrachtete den roten Himmel, nahm ihren Hut ab und legte sich schlafen.

»Soll ich Sie auf eine Luftreise mitnehmen?«, fragte der Reiher. »Sie haben nie etwas anderes gesehen als das Schilf und glauben, das wäre die ganze Welt.«

»Oh nein«, antwortete die Jungfer. »Es gibt eine Wiese, die ist grün und gelb und blau und rot und weiß. Und es gibt einen Kanal, in dem sich der Himmel spiegelt.«

»Das ist aber nicht die *ganze* Welt«, entgegnete der Reiher und neigte seinen Hals. »Kommen Sie mit mir, ich zeige Ihnen die Wälder und die Städte und das Meer. Ich werde so hoch fliegen, dass das Schilfdickicht wie ein Stecknadelkopf aussieht, die Wiese wie ein einziges Laubblatt und der Kanal wie eine blaue Schnur. So hoch, dass Sie alle Länder sehen können: Ägypten und Afrika, Tibet und China, Mexiko und Island, den Schneepol, den Eispol, den Urwald und die Ozeane. So hoch, dass Sie die ganze große Welt bis zu ihren Grenzen auf einmal sehen.«

»Das Schilf mit seinen Rispen tanzt so schön im Wind«, antwortete die Jungfer, und sie wusch in dem alten Schuh ihre Wäsche, hängte die Sachen zum Trocknen an einen geknickten Schilfstängel und setzte sich vor ihr Haus, um dem Rascheln zu lauschen.

So verbrachte sie ihre Tage weiterhin im Schilf, das im Herbst verdorrte und im Frühling neu spross, und indessen flogen die Rohrsänger über die Wiese, schwammen die Enten den Kanal auf und ab und reiste der Reiher über die Städte hinweg bis nach Afrika.

Irgendwann war die Jungfer so alt geworden, dass sie nicht mehr von ihrem Binsenbett aufstehen konnte. Ein Frosch kam regelmäßig vorbei, um ihr Haus zu fegen, Dottersuppe für sie zu kochen und ihre Wäsche zu waschen.

»Wie ist die Welt doch schön«, sagte die Jungfer, wenn sie aus ihrem Fenster blickte. »Das eine Laubblatt ist die Wiese von hoch oben gesehen, das andere Blatt ist Ägypten von noch weiter oben gesehen. Die Schilfrispen sind Urwälder, und über alldem spannt sich das Blau des Ozeans mit weißen Polen aus Eis und Schnee, die darin treiben. Wunderschön ist das.« Und nach diesen Worten starb sie.

Die Rohrsänger, die Enten und der Reiher begruben sie im Schilf. Sie weinten salzige Tränen und sagten: »Ach, die arme Jungfer, sie hat nie etwas von der Welt gesehen.«

MAREKS ICHS

»Eigentlich ist es doch komisch, dass aus mir Wörter herauskommen, wenn ich spreche«, sagte Marek zu seinem Vater. »Woher kommen sie? Habe ich sie alle im Hals? Ist mein Hals ein Schränkchen voller Wörter?«

»Nein, mein Junge«, sagte der Vater. »Die Wörter machst du selbst. Und zwar beim Sprechen.«

»Aber wie?«, fragte Marek.

»Tja…« Der Vater kratzte sich am Kopf, wie bei so mancher Frage von Marek. »Tja…«, sagte er noch einmal. Und dann folgte eine Erklärung. Eine Erklärung mit komplizierten Wörtern wie Stimmbänder und Luftschwingungen. Marek verstand das Ganze nicht. Und im Grunde glaubte er es auch nicht. Die Wörter sind eben doch in meinem Hals, dachte er, das ist viel einfacher.

In der Nacht darauf hatte er einen merkwürdigen Traum. Er träumte, dass er mit seiner Mutter beim Einkaufen war. Und wie in der Wirklichkeit rief Marek auch im Traum: »Ich will ein Eis. Ich will ein Geschenk. Ich will Buntstifte. Ich will ein Spielzeugauto. Ich will in den Aufzug. Ich will Limonade. Ich will nicht zu Fuß gehen, ich will Bus fahren. Ich will dies, ich will das, ich will … ich-ich-ich …«

Ganz plötzlich war da ein Bimmeln in Mareks Kopf. Wie von einem Wecker. Und dann eine Stimme – ebenfalls in seinem Kopf –, die sagte: »Du hast noch zehn Ichs. Nur noch zehn Ichs. Nur noch zehn Ichs.«

»He, was soll das?«, rief Marek. Aber es kam keine Antwort. Und Marek fragte nicht noch einmal, denn er sah im Schaufenster eines Spielwarengeschäfts ein rotes Feuerwehrauto. »Guck mal, Mama, das will ich …«

Im nächsten Moment bimmelte es wieder, und die Stimme sagte: »Du hast noch neun Ichs. Nur noch neun Ichs. Nur noch neun Ichs.«

»He, was soll das?«, rief Marek wieder. »Neun Ichs? Was bedeutet das?«

Der Traum wurde immer verrückter, denn mit einem Mal saß Marek im Sprechzimmer eines Arztes. Dieser forderte ihn auf, »Aaa« zu sagen.

Marek sperrte den Mund weit auf und gab ein langes »Aaa« von sich. Doch der Arzt schaute ihm gar nicht in den Hals, sondern hielt einen großen Spiegel so, dass Marek selbst hineinschauen konnte.

Und dann sah Marek, was er bereits vermutet hatte. Sein Hals war ein rundes Schränkchen mit vielen, vielen Schubladen. Und die Schubladen enthielten Wörter wie »Papa« und »Haus« und »Orange« und »Hallo« und »kleckern« und noch tausend andere. Es gab große Schubladen für lange Wörter wie »Dromedarhinterbein« und kleine für kurze Wörter wie »bah«. Die Schublade mit dem Wort »ich« war fast leer. Nur noch neun Ichs lagen darin. Nur noch neun Ichs …

»Da siehst du es selbst«, sagte der Arzt. »Nur noch neun Mal kannst du ›ich‹ sagen, dann ist Schluss. Sei also in Zukunft vorsichtig.«

»Aber wie … wie soll das … wie kann ich …«

Schon bimmelte es wieder, und die Stimme sagte: »Du hast noch acht Ichs. Nur noch acht …«

»Das finde ich gemein!«, rief Marek.

»Du hast noch sieben Ichs. Nur noch sieben …«

»Aber wie … wie …«

»Pssst!«, machte der Arzt. »Rede nicht immer drauflos. Denk nach, bevor du etwas sagst. Sei vorsichtig, sonst sind bald noch mehr Wörter aufgebraucht. Du musst sparsam damit sein.«

Marek presste die Lippen zusammen. Eine schreckliche Vorstellung, bald nichts mehr sagen zu können.

»Auf Wiedersehen«, sagte der Arzt. »Und sei ganz …«

»Vorsichtig« hatte er sagen wollen, aber dieses Wort hatte er im Laufe der Zeit schon so oft benutzt, dass seine Schublade mit dem Wort »vorsichtig« leer war.

»Auf Wiedersehen, Bocksbein« sagte Marek statt »auf Wiedersehen, Herr Doktor«. War da etwa eine falsche Schublade aufgegangen?

Marek lief davon – und wurde wach.

Der Schreck saß ihm in den Knochen. Was für ein Traum!

Wenn das nun stimmte! Nur noch sieben Ichs … was konnte er tun? Ich hab's, dachte er: Es gibt so viele Wörter, die ich fast nie benutze. Unzählige Schubladen voll. Also sage ich ab jetzt die.

Und als seine Mutter ins Zimmer kam und ihn wecken wollte, sagte er: »Landkarte, Purzelbaum, genau.«

»Wie bitte?«, sagte die Mutter.

»Stichling«, sagte Marek.

»Was, um Himmels willen, ist los mit dir?«, fragte die Mutter.

»Meine Ichs!«, rief Marek, und plötzlich kamen ihm die Tränen. »Bald kann ich nicht mehr ›ich‹ sagen. Weil ich fast keine Ichs mehr habe. Ich kann… ich-ich-ich…«

Diesmal bimmelte es nicht in seinem Kopf, dafür saß Marek mit offenem Mund regungslos im Bett.

»Hast du schlecht geträumt?«, wollte die Mutter wissen.

Marek nickte. Erst traute er sich nicht, etwas zu sagen, doch als er schließlich seinen Traum erzählt hatte, holte der Vater einen großen Spiegel und hielt ihn so, dass Marek in seinen eigenen Hals schauen konnte.

»Siehst du, da ist überhaupt kein Schränkchen mit Schubladen«, sagte der Vater. »Glaub mir, deine Wörter machst du selbst.«

Nun glaubte Marek es wirklich.

Wie das genau vor sich ging, war ihm nach wie vor unklar, darum war er fortan lieber ein wenig vorsichtig mit seinen Ichs.

VON DEN ZWEI KÖNIGSKINDERN

Vor langer Zeit wohnten zwei Kinder mit ihrer Mutter in einer Strohhütte. Sie hatten ein Huhn und eine Ziege, aber keinen Vater. Sie hatten jedes ein Hemd und eine Hose, aber keine Schuhe. Und alle zusammen nur eine einzige Bettdecke.

Als eines Wintertags der Eiswind durch die Strohwände blies, krochen sie zu dritt unter die Decke, und die Mutter erzählte eine Geschichte.

Von den zwei Königskindern erzählte sie, die in einem goldenen Palast wohnten und hundert Hühner und tausend Ziegen hatten und einen Vater, der König war. Die jedes zwölf Hemden und zwölf Hosen hatten und gut zwanzig Paar Schuhe. Und zehn Decken aus Gänsedaunen und Betten so weich, dass man darin nur schöne Träume hatte.
»Gibt es das wirklich?«, fragten die Kinder.
»Ja, das gibt es wirklich«, sagte die Mutter.
»Wir wollen auch einen Vater, der König ist«, sagten die Kinder.
Aber der Eiswind blies weiter durch die Strohwände und sagte: *Das geht nicht, das geht nicht, das geht nicht.*
»Hörst du das, Mutter?«, fragten die Kinder. »Hörst du, was der Wind sagt? Stimmt das?«
»Ja, es stimmt, was er sagt: Das geht nicht.«
Trotzdem machte die Mutter sich am nächsten Tag auf die Suche. Nach einem Vater, der König war. Aber sie fand keinen. Stattdessen fand sie ein Paar Schuhe.
»Oh, wie schön!«, riefen die Kinder. »Sind das Schuhe von den Königskindern?«
Die Mutter schüttelte den Kopf. »Sie sind für euch«, sagte sie.
Zuerst zog der Junge die Schuhe an. Er stampfte damit herum, bis das Huhn gackerte und die Ziege meckerte.
»Tritt nicht auf die Bettdecke«, mahnte die Mutter.
Danach zog das Mädchen die Schuhe an. Sie tanzte darin herum, und das Huhn kakelte und die Ziege sang »mäh-mäh«.
»Hüpf nicht durch die Wand«, mahnte die Mutter.
Aber der Eiswind hielt den Atem an.
Abwechselnd machten die Kinder in den Schuhen Spaziergänge. An dem einen Tag trug der Junge sie, am anderen Tag das Mädchen.
Zusammen gehen konnten sie nicht.
»Ich war ganz weit weg«, sagte der Junge, als er eines Abends zurückkam. »So weit, dass ich den goldenen Palast des Königs gesehen habe.«
Am nächsten Tag ging auch das Mädchen ganz weit weg. »Ich habe das goldene Gittertor vom goldenen Palast des Königs gesehen«, sagte sie am Abend.

»Da möchte ich gern einmal rein«, sagte der Junge.
»Ich auch«, sagte das Mädchen.
»Wir beide zusammen«, sagte der Junge.
»Ja, zusammen«, sagte das Mädchen.
»Aber vor dem Tor steht ein Wachsoldat, der lässt niemanden durch«, wandte die Mutter ein.
Der Eiswind sagte nichts.
Plötzlich rief das Mädchen: »Ich weiß, wie wir zusammen gehen können! Jeder zieht einen Schuh an – du den rechten und ich den linken. Und wenn der eine Fuß vom Humpeln wehtut, tauschen wir die Schuhe – dann ziehst du den linken an und ich den rechten.«
Das Huhn gackerte und kakelte, die Ziege meckerte und sang »mäh-mäh«, die Mutter jedoch schwieg.
»Auf Wiedersehen, Mutter!«, riefen die Kinder und spazierten zusammen, jedes auf einem Bein humpelnd, zum goldenen Palast des Königs.
Vor dem goldenen Gittertor stand tatsächlich ein Wachsoldat. Er hatte eine Lanze mit einer Spitze und einen Schnurrbart mit zwei Spitzen. Und seine Schuhe reichten bis zu den Knien.
»Wohnt hier der König?«, fragten die Kinder.
»Jawohl, ihr Hinkebeine«, antwortete der Soldat und hielt seine Lanze kerzengerade.
»Gibt es im Palast hundert Hühner und tausend Ziegen?«, fragten die Kinder.
»Sogar zweitausend«, antwortete der Soldat und stampfte mit seinen Schuhen auf, die bis zu den Knien reichten.
»Und haben die Königskinder jedes zwölf Hemden und zwölf Hosen und gut zwanzig Paar Schuhe?«, fragte der Junge.
»Und zehn Decken aus Gänsedaunen und weiche Betten?«, fragte das Mädchen.
»Mindestens«, antwortete der Soldat. »Außerdem jede Menge Socken und Mützen und Schals und alle Spielsachen der Welt. Und jedes eine goldene Krone.«
»Stimmt das?«, fragte der Junge.
»Jawohl, ihr Hinkebeine. Und jeden Morgen bekommen sie Sahnetorte zum Frühstück.«

»Davon hat unsere Mutter nichts gesagt«, meinte das Mädchen.

Der Soldat strich über seine zwei Schnurrbartspitzen. »Ihr beiden seht aus wie Störche«, sagte er, »wie ihr da auf einem Bein steht.«

»Wir haben jeder nur einen Schuh«, erklärte das Mädchen. »Und keinen Vater, der König ist.«

»Wir haben überhaupt keinen Vater«, ergänzte der Junge. »Können wir nicht den König zum Vater bekommen?«

Der Wachsoldat wedelte mit seiner Lanze. »Nein«, sagte er dann, »den König könnt ihr nicht zum Vater bekommen.«

»Wenigstens sehen?«, fragte das Mädchen.

Der Soldat straffte den Rücken. »Ein Mal im Jahr macht der König eine Kutschfahrt durch die Stadt«, sagte er. »Dann könnt ihr ihn sehen.« Nach diesen Worten wandte er sich ab und ging – *stapf-stapf* – hin und her, denn er hatte in den Schuhen, die bis zu den Knien reichten, kalte Füße bekommen.

Die Kinder humpelten zurück zu ihrer Strohhütte.

Als es so weit war und der Ein-Mal-im-Jahr-Tag anbrach, humpelten sie, jedes mit einem Schuh, in die Stadt, um den König bei seiner Kutschfahrt zu sehen.

Umgeben von jubelnden Zuschauern sahen sie ihn in einer gläsernen Kutsche. Neben ihm saß die Königin. Und in der Kutsche dahinter die Königskinder. Ein Königsjunge und ein Königsmädchen in seidenen Hemden und mit goldenen Kronen auf dem Kopf.

Als die Kutsche vorbeifuhr, sahen die Königskinder kurz her, ein paar Sekunden fiel ihr Blick auf die beiden Hinkebeine aus der Strohhütte.

»Mutter, wir haben die Königskinder gesehen«, berichteten die Kinder, als sie wieder zu Hause waren. »Es stimmt, was du erzählt hast.«

Aber der Eiswind pfiff durch die Strohwände, deshalb schlüpfte die Mutter unter die Bettdecke und zog die Kinder an sich.

Der Eiswind wehte weiter bis zu dem goldenen Palast, wo die Königskinder Sahnetorte essen mussten und nicht mit den Stühlen kippeln durften, weil ihnen sonst die goldenen Kronen vom Kopf gefallen wären, und nicht stampfen durften, denn das störte ihren Vater, den König, beim Regieren, und nicht herumhüpfen durften, denn sonst würden sie über die Hühner und die Ziegen stolpern, und nicht im Freien spielen durften, denn sonst würden ihre seidenen Gewänder zerreißen, und in eine gläserne Kutsche wie in einen Käfig eingesperrt waren und abends im Bett Gutenachtgeschichten auf Französisch vorgelesen bekamen, sodass sie nichts verstanden.
Aber als die Königskinder in ihren weichen Betten unter den zehn Gänsedaunendecken eingeschlafen waren und der Eiswind vor dem Fenster pfiff, da hatten sie den schönsten aller Träume: Sie träumten, dass sie mit ihrer Mutter in einer Strohhütte wohnten, nur ein Huhn und nur eine Ziege hatten und jedes nur ein Hemd und eine Hose, und damit immer im Freien spielen durften, mit bloßen Füßen, die schmutzig werden durften, und dass sie keinen König zum Vater hatten in einem goldenen Palast, in dem man nicht herumtoben konnte. Und dass sie ein einziges Paar Schuhe bekamen und zusammen in die Stadt humpelten, um den König bei seiner Kutschfahrt zu sehen.
»Das gibt es wirklich!«, riefen sie nach dem Aufwachen. »Das gibt es wirklich, wir haben die Kinder nämlich gesehen. Gestern, von der Kutsche aus. Auf einem Bein haben sie gestanden, wie Störche.«
Ein Diener brachte die Frühstückstorte herein, überzogen mit klebriger Sahne.
»Komm, wir suchen sie«, sagte der Königsjunge.
»Ja, und dann tauschen wir«, sagte das Königsmädchen. »Sie dürfen in unserem goldenen Palast wohnen und wir in ihrer Strohhütte.«
Aber der Eiswind heulte vor dem Fenster und rief: *Das geht nicht, das geht nicht, das geht nicht …*

DIE DREI VÖGEL

In der Eiche hinter dem Haus von Tante Sibelius waren drei Nester. Ordentlich nebeneinander auf einem Ast, wie drei Häuschen. Im ersten Nest wohnte der Vogel Hip, im zweiten wohnte der Vogel Wip und im dritten der Vogel Nipperdinipsi Pip. Die drei Vögel waren Freunde. Sie hatten eine Vorliebe für leckere Sachen, und Tante Sibelius streute jeden Tag Brotkrümel und Käserinden und Wurstpellen für sie aus, und manchmal eine ganze Kartoffel.

Die drei Vögel hatten noch eine andere Vorliebe. Und zwar für glitzernde Dinge. Für Silberpapierchen, Perlen, Kupferknöpfe, Ringe. Alles, was glänzte, packten sie mit ihren Schnäbeln und trugen es in ihre Nester.

Der Vogel Hip hatte drei Perlen.

Der Vogel Wip hatte ein großes Stück Silberpapier von einer Schokoladentafel.

Der Vogel Nipperdinipsi Pip hatte einen Kupferknopf, einen Nagel, einen silbernen Ohrring und einen Bausch Engelshaar vom Weihnachtsbaum.

»Lauter wunderbar schöne Sachen sind das!«, sagten Hip und Wip, als sie Nipperdinipsi Pip in seinem Nest besuchten.

Wenn im Sommer die Sonne warm schien, standen bei Tante Sibelius alle Fenster offen.

Eines Morgens lag auf dem Sims des Schlafzimmerfensters eine goldene Kette. Die hatte sie am Abend vorher bei einem Fest getragen und vor dem Schlafengehen dorthin gelegt.

»Schaut mal!«, rief Hip.

»Wie wunderbar schön sie glänzt!«, rief Wip.

»Die müssen wir holen!«, rief Nipperdinipsi Pip.

Zu dritt flogen sie hin, zu dritt nahmen sie die goldene Kette in ihre Schnäbel, und zu dritt flogen sie damit zu dem Ast mit ihren Nestern.

Tante Sibelius schlief noch selig und träumte von der feierlichen Musik beim Fest. Die goldene Kette hatte sie vergessen.

»Sie gehört mir!«, schrie Hip.

»Sie gehört mir!«, schrie Wip.

»Nein, mir!«, schrie Nipperdinipsi Pip.

Unter lautem Getschilp, Gezeter und Gekreisch zogen sie an der Kette.

Der Lärm weckte Tante Sibelius. Ach, meine lieben Vögelchen, dachte sie, die Armen haben sicherlich Hunger.

Sie stand vom Bett auf, trat ans Fenster, öffnete die Gardine und schaute zu ihren lieben Vögelchen im Baum. Ihr Getschilp und Gezeter und Gekreisch hatte gar nichts mit Hunger zu tun, sah sie. Sondern mit Streit. Streit um eine goldene Kette. *Ihre* Kette!

»Gemeine Viecher!«, schrie sie und eilte in ihrem rosa Nachthemd und barfuß die Treppe hinab, zur Hintertür hinaus und in den Gartenschuppen.

Dort holte sie die Leiter, lehnte sie an die Eiche und stieg die Sprossen hinauf.
»Her mit der Kette!«, rief sie den drei lieben Vögelchen zu. »Sie gehört mir, und sie ist aus Gold!«
»Hilfe, sie kommt«, sagte Hip.
»Sie ist ganz fürchterlich wütend«, sagte Wip.
»Und auch ganz fürchterlich rosa«, sagte Nipperdinipsi Pip.
Mit der Kette in den Schnäbeln flogen sie zu dritt zum Haus hinüber und setzten sich auf den Schornstein.
Dort ging der Streit weiter.
»Oooh!« Tante Sibelius ballte die Faust. »Nie mehr bekommt ihr Brotkrümel. Nie mehr Käserinden. Nie mehr Wurstpellen. Nie mehr eine Kartoffel.«
Da erschraken die drei Vögel so sehr, dass sie alle zugleich die goldene Kette losließen.
Diese fiel – *hoppla!* – in den Schornstein.
»Oooh!«, rief Tante Sibelius wieder. Sie stürzte von der Leiter und landete – *pardauz!* – im Blumenbeet.
»Das ist ja ganz furchtbar schlimm«, sagte Hip.
»Ganz furchtbar entsetzlich«, sagte Wip.
Und was sagte Nipperdinipsi Pip?
Wo war er überhaupt?
»Hier!«, tönte es aus dem Schornstein. »Kommt schnell und helft mir! Hier drin ist es ganz furchtbar schrecklich schwarz und dunkel.«
Als Tante Sibelius eine halbe Stunde später ins Haus gehumpelt war und sich auf einen Sessel gesetzt hatte, vernahm sie aus dem Kaminofen merkwürdige Geräusche. Sie machte die Ofentür auf – und wich zurück.
Was kam da herausgehüpft?
Drei pechrabenschwarze Vögel!
Und was trugen sie in ihren Schnäbeln?
Eine pechrabenschwarze Kette.
Sie legten die Kette vor den Ofen und hüpften aus dem Wohnzimmer durch die Küche ins Freie.
»Da brat mir einer einen Storch!«, sagte Tante Sibelius, »aber die Beine recht knusprig.«

Sie holte ein Tuch und säuberte und polierte die Kette, bis das Gold noch schöner glänzte als zuvor.

Seit der Zeit wohnen drei pechrabenschwarze Rußvögel in der Eiche hinter dem Haus von Tante Sibelius.

Sie streut wieder Brotkrümel für sie aus. Und Käserinden und Wurstpellen und manchmal eine ganze Kartoffel. Und wenn die Vögel sich daran gütlich tun, seufzt Tante Sibelius und sagt:

»Ach je, ist das nun Wip? Oder ist es Hip? Oder dieser Hipperwip ... nein, Nipperdinipsi Pip! Oder doch Wipperdi ... ich meine Pip ... ach nein: Hip.«

Denn auseinanderhalten konnte man sie nicht mehr.

PELE-BÄR

Der kleine Junge liebte seinen Bären sehr. Und der Bär liebte den Jungen sehr. Jede Nacht schliefen sie zusammen im Bett, der Bär warm und geborgen in den Armen des Jungen. Pele-Bär nannte der Junge ihn. Pele-Bär. Das bedeutete viel mehr als »lieber Bär«.

Wenn der Junge mit seinen Eltern im Wald spazieren ging, war Pele-Bär dabei.
Wenn der Junge vorn auf dem Rad seines Vaters mitfahren durfte, thronte Pele-Bär auf der Lenkstange und wurde gut festgehalten.
Wenn der Junge mit seiner Mutter Einkäufe machte, durfte Pele-Bär auf der Ladentheke sitzen.
Und als es mit dem Flugzeug in die Ferien nach Irland ging, saß Pele-Bär am Fenster, damit er gute Sicht nach unten hatte.
Irland liegt weit weg, jenseits des Meers. Vom hohen blauen Himmel aus gleicht das Meer einem Spiegel. Hin und wieder sieht man darauf Flecken – das sind Schiffe, die so langsam fahren, dass man glaubt, sie lägen still. Und die Wolken sehen wie große Wattebäusche aus. Wenn das Flugzeug durch sie hindurchfliegt, sieht man für kurze Zeit nichts.
Nach dem Meer kommt England. Vom hohen blauen Himmel aus gleicht es einem Spielzeugland. Winzige Häuser, Bäume, Straßen, Autos, Züge. Menschen sieht man nicht. Weil sie noch kleiner als Ameisen sind.
Nach England kommt wieder das Meer und danach Irland. Es wird groß und immer größer, weil das Flugzeug zur Landung ansetzt. Und mit einem Mal ist alles so groß wie zu Hause, denn die Maschine steht am Boden.
Pele-Bär und der Junge rochen ihn beim Aussteigen gleichzeitig: den Duft von Irland nach Gras und Kräutern und Schafen. Und sie sahen Hügel, aber was die Leute sagten, konnten sie nicht verstehen.
»Pele-Bär, wir sind in Irland!«, rief der Junge. »Schau nur gut hin!«
Pele-Bär schaute hin, bis ihm vor Müdigkeit die Augen zufielen.
Bald darauf lagen die beiden im großen Bett von Irland, wo alles sonderbar war. Aber zusammen fühlten sie sich so geborgen wie zu Hause.
»Wenn du nicht wärst, Pele-Bär«, flüsterte der Junge, »dann hätte ich in der Dunkelheit von Irland Angst.« Und er drückte seinen Bären ganz fest an sich.
Es wurden die schönsten Ferien, die man sich denken kann. Das Meer von Irland ist blau und grün, die Wellen sind hoch, und am Strand, wo sie auslaufen, sieht man durchs Wasser wie durch ein blaugrünes Zauberfenster.
Ein Bach aus den Bergen mündete am Strand ins Meer. Ein geheimer Ort war das, mit Felsbrocken und Steinen halb im Wasser. Vom höchsten

Felsbrocken aus betrachtet, wie vom Flugzeug aus, glich er einem großen Land mit vielen Flüssen und Seen und Meeren. Darin schwammen Krabben wie Monster und Stichlinge wie Wale.

An diesem geheimen Ort spielten der kleine Junge und Pele-Bär jeden Tag. Sie fingen die Monster und die Wale in einem Netz und brachten sie in einem Glas unter. Aus Steinen bauten sie einen großen Damm, um den Bach zu stauen, und als Pele-Bär ins Wasser fiel, legte der Junge ihn zum Trocknen auf einen warmen Stein in die Sonne.

Eines Tages aber sagten die Eltern zu dem Jungen: »Morgen fliegen wir wieder nach Hause«, und sie ließen die Monster und die Wale aus dem Glas frei, denn die müssten in Irland bleiben, meinte der Vater.

»Auf Wiedersehen, Meer, auf Wiedersehen, Felsen, auf Wiedersehen, Bach«, sagte der Junge am nächsten Morgen, ehe sie aufbrachen. Und er ließ Pele-Bär mit seinen pelzigen Armen winken.

»Auf Wiedersehen, Irland!«, rief Pele-Bär ganz leise.

Es sei noch Zeit bis zum Abflug, sagten die Eltern, genug Zeit, um eine Fahrt durch die Stadt zu unternehmen. Im Bus.

Der Bus war zweistöckig wie ein Haus, eine Treppe führte zum oberen Stock. Dort setzten sie sich ganz vorn hin, so wie der Pilot im Flugzeug.

»Schau nur, Pele-Bär, schau!«, rief der Junge. »Wir fliegen hoch über der Straße!«

So ging es durch die ganze Stadt. Der Junge war der Pilot, und Pele-Bär saß neben ihm auf der Bank.

Es machte solchen Spaß, dass der Vater den Jungen zum Aussteigen an der Hand mitziehen musste. »Nun komm schon«, sagte er, »sonst verpassen wir unseren Flieger.«

Sie gingen ein Stück bis zu einem Platz, und von dort fuhren sie zu der weiten Wiese. Das Flugzeug stand zum Glück noch da.

»Schnell einsteigen«, sagte der Vater.

Aber der Junge stand da wie erstarrt. Er war leichenblass und zitterte.

»Du hast doch nicht etwa Angst?«, fragte die Mutter.

Der Junge gab keine Antwort.

»Was ist denn los?«, fragte der Vater.

Der Junge fing an zu weinen. Dicke Tränen, und mit einer Stimme, die nur

sein Vater und seine Mutter verstehen konnten, jammerte er: »Pele-Bär! Pele-Bär ist weg! Ich habe Pele-Bär im Bus vergessen!«
Als das Flugzeug abhob, saß an einem der Fenster ein Junge, der weder hinausschaute noch »Auf Wiedersehen, Irland!« rief. Obwohl seine Eltern neben ihm saßen, hatte er sich noch nie so allein gefühlt, mit leeren Armen schluchzte und schniefte er.
Und tief unter ihm fuhr der zweistöckige Bus durch die Stadt, und im oberen Stock saß ganz vorn ein einsamer Bär. Ohne etwas zu hören oder zu sehen. Und frierend, weil die Arme, die ihn sonst gehalten und gewärmt hatten, weg waren.

In der Nacht darauf lag der Junge wieder in seinem eigenen Bett, aber ohne Pele-Bär konnte er nicht einschlafen, und der lag jenseits des Meers und jenseits von England und jenseits noch eines Meers in einer Holzkiste und starrte mit weit offenen Augen vor sich hin.
Der Schaffner hatte ihn gefunden, als er den Bus sauber machte. »So was aber auch, ein Bär!«, hatte er gemurmelt. »Wem der wohl gehört? Ich bewahre ihn im Büro auf. Wer ihn verloren hat, wird ihn schon holen kommen.«
Das alles murmelte er auf Englisch, sodass Pele-Bär nichts verstand.
In der Holzkiste im Büro fühlte Pele-Bär sich genauso einsam wie der Junge in seinem Bett.
»Können wir Pele-Bär nicht holen?«, fragte der Junge seinen Vater.
Aber noch einmal nach Irland fliegen kam viel zu teuer.

Als ein paar Tage vergangen waren, dachte der Busschaffner: Wahrscheinlich mag der Besitzer den Bären nicht, sonst hätte er ihn längst geholt.
Die Eltern sahen, wie sehr ihr Junge litt. Da sagte der Vater: »Ich schreibe an die irische Stadt, in der der Bus fährt, und frage, ob sie Pele-Bär gefunden haben und an uns schicken können.«
»Meinst du, das machen sie?«, fragte der Junge.
»Vielleicht«, meinte der Vater. Er schrieb einen langen Brief, ganz auf Englisch, und schickte ihn ab.
Eine Woche verging, zwei Wochen vergingen, drei Wochen.
Die ganze Zeit lag Pele-Bär regungslos in seiner Holzkiste. Dann, auf einmal, wurde er in etwas anderes gepackt. Etwas, in dem es stockdunkel und stickig war. Und das sich bewegte, sodass der arme Pele-Bär sich den Kopf und die Arme und die Beine anstieß, ganz so, als würde er herumgeworfen.
»Sie haben Pele-Bär nicht gefunden«, sagte der Junge traurig. »Mein Pele-Bär ist weg, ganz und gar weg. In Irland. Nie mehr will ich nach Irland.« Und wieder musste er schluchzen und schniefen.
Der Vater schrieb noch einen Brief.
Wieder verging eine Woche und noch eine Woche und noch eine.
»Bestimmt haben sie Pele-Bär in Irland weggeworfen«, jammerte der Junge. »Oder er ist ins Meer gefallen, als er versucht hat, zu mir zu kommen.«
Als er einsam in seinem Bett lag, träumte ihm, dass Pele-Bär ganz allein in das Flugzeug kletterte und ganz allein von Irland aus über das Meer, über England und über noch ein Meer flog und schließlich aus dem Flieger stieg und ganz allein nach Hause kam und an der Tür klingelte.
»Pele-Bär!«, rief der Junge.
Mit einem Schlag war er hellwach und saß aufrecht im Bett. Es war früh am Morgen, durch die Vorhänge fiel Licht – und da klingelte es wieder. An der Haustür: *Ding-dong!* Tatsächlich!
Der Junge sprang aus dem Bett, rannte die Treppe hinab und machte auf. »Pele-Bär!«, rief er. »Bist du da?«
Aber vor ihm stand der Postbote. »Hier, Kleiner. Das ist für deinen Vater«, sagte er. »Es passt nicht in euren Briefkasten.« Und er gab ihm ein Paket mit ausländischen Briefmarken darauf.

Der Vater schlief noch, als der Junge das Paket nach oben trug. Er wurde erst wach, als an seinem Ohr etwas raschelte und der Junge ihm das Paket hinhielt.
Kaum hatte er die Briefmarken gesehen, fuhr er in die Höhe.
Mit der Nagelschere schnitt er den Bindfaden durch, mit den Fingern riss er das Papier auf, und mit zitternder Hand gab er dem kleinen Jungen die Schachtel, die darin gewesen war.
Eine goldene Schachtel.
»Mach sie auf«, sagte der Vater.

Da begriff der Junge, dass sein Traum wahr geworden war.
Ohne etwas zu sagen, nahm er den Deckel ab.
Und da lag Pele-Bär, der ganz allein aus Irland zurückgekommen war. Sie sahen einander an und sagten kein Wort, weder der Junge noch Pele-Bär.
Schließlich hob der Junge Pele-Bär aus der Schachtel, nahm ihn in die Arme und drückte ihn an sich. So fest wie noch nie.
Erst am Abend im Bett flüsterten sie miteinander. Aber was Pele-Bär alles von seiner Reise erzählt hat, weiß nur der Junge.
Und niemand sonst.

DER ÄNGSTLICHE STAR

Stare sind Krachmacher. Wenn sie zu zehnt in einem Baum sitzen, meint man, es wären hundert. Denn sie tschilpen und kreischen und schreien alle zugleich. Bis sie plötzlich auffliegen, um sich bei noch mehr Starenfreunden in einem anderen Baum niederzulassen. Oder sie fliegen von allen Bäumen gleichzeitig auf und bilden dann zu hundert oder tausend eine schwarze Wolke in der Luft. Eine verrückte Wolke. Eine Zauberwolke, die sich in einen Riesen oder eine alte Frau oder ein wogendes Meer verwandelt.

Bei alldem wollte Kli nie mitmachen. Kli war ein ängstlicher Star und versteckte sich immerzu in Baumhöhlen und Nischen. Er wagte es nicht, sich zu seinen lautstarken Gefährten zu setzen oder gar in der Zauberwolke mitzufliegen.

»Kli ist eine Memme!«, sagten die anderen und wollten ihn nach einer Weile auch gar nicht mehr dabeihaben.

Das störte Kli zunächst nicht, aber als es Herbst wurde, machte es ihm doch etwas aus. Denn seine Gefährten sagten zu ihm: »Du darfst nicht mit auf den Zug.«

Der Zug – das ist die weite Reise in warme Länder, auf die viele Vögel sich vor dem Winter begeben. Sie fliegen über Berge und Wälder und Meere hinweg, bis sie den Sommer eingeholt haben, denn auch der reist in den Süden, wenn es bei uns Winter wird.

»Bleib du nur allein in deiner Höhle«, sagten die Stare zu Kli. »Du bist sowieso immer allein.«

Das bekümmerte Kli. Aber er sagte trotzig: »Dann fliege ich eben allein in den Süden!«

»Haha! Das kannst du doch nicht!«, riefen die anderen. »Allein findest du den Weg nie, und außerdem wirst du viel zu schnell müde. Weil du das Fliegen nicht gewohnt bist.«

Und einer spottete: »Wetten, du kannst überhaupt nicht mehr fliegen?«

Aber Kli konnte sehr wohl fliegen. Am nächsten Morgen, als seine Gefährten mit viel Radau aufgebrochen waren, kam er hervor. Sicherheitshalber blickte er sich nach allen Seiten um, dann breitete er seine Flügel aus und stieg zum blauen Himmel auf.

Er fühlte sich froh und frei, ließ sich vom Wind emportragen und dann wie ein Backstein fallen. Er fing den Fall rechtzeitig ab und landete schließlich auf einer Eberesche.

Nachdem er ein paar der roten Kugelfrüchte verspeist hatte, sagte er: »So, jetzt fliege ich in den Süden.« Ein einsames Tschilpen, das keiner hörte.
Kli flog und flog und flog. Geradeaus, ab und zu ein wenig nach links oder ein wenig nach rechts. Er flog über Städte, Wälder und Flüsse. Von den Städten stieg Lärm auf, die Wälder waren herbstlich gelb, und die Flüsse glichen gewundenen Schlangen.
Aber bis in den Süden ist es weit.
So angestrengt Kli auch Ausschau hielt, nirgendwo entdeckte er den Sommer.

»Ufff«, sagte er und ließ sich auf einer hohen Stange nieder. »Ufff!«
Als es dunkel wurde, fühlte Kli sich sehr einsam. Ich habe mich verflogen und finde den Weg nie, dachte er, und müde bin ich auch. Er sehnte sich nach einer warmen Baumhöhle. Darin will ich den ganzen Winter verbringen, dachte er. Ach, mir ist alles egal …

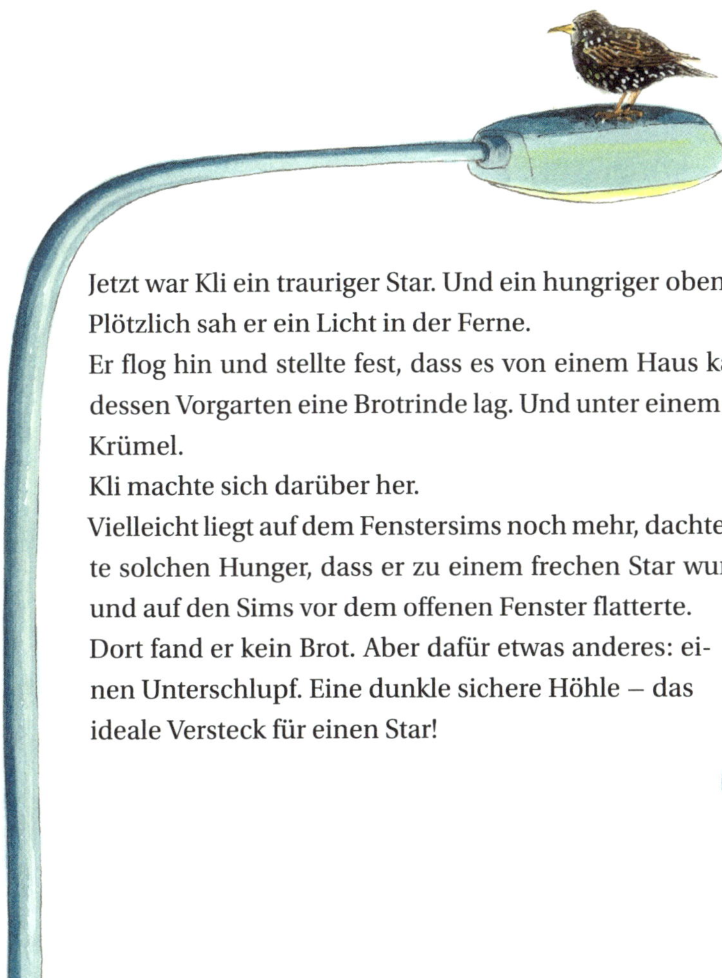

Jetzt war Kli ein trauriger Star. Und ein hungriger obendrein.
Plötzlich sah er ein Licht in der Ferne.
Er flog hin und stellte fest, dass es von einem Haus kam. Einem Haus, in dessen Vorgarten eine Brotrinde lag. Und unter einem Fenster jede Menge Krümel.
Kli machte sich darüber her.
Vielleicht liegt auf dem Fenstersims noch mehr, dachte er. Er hatte solchen Hunger, dass er zu einem frechen Star wurde und auf den Sims vor dem offenen Fenster flatterte.
Dort fand er kein Brot. Aber dafür etwas anderes: einen Unterschlupf. Eine dunkle sichere Höhle – das ideale Versteck für einen Star!

Ohne lange zu überlegen, hüpfte Kli hinein, verkroch sich an der tiefsten Stelle, gähnte mit weit aufgesperrtem Schnabel und schlief ein.

Seine Gefährten hatten mittlerweile schon ein ganzes Stück Weg hinter sich. Aber nicht nur Vögel fliegen in den Süden. Auch Menschen tun das. In Flugzeugen. Und am Steuer eines jeden Flugzeugs sitzt ein Pilot in einer blauen Jacke und mit einer Schirmmütze auf dem Kopf. Die Mütze ist so groß, dass ihr Inneres eine Art Höhle bildet.

Der Pilot des Flugzeugs, das in dieser Nacht nach Süden fliegen sollte, war spät von zu Hause aufgebrochen. Er hatte rasch seine Jacke übergezogen, sich die Mütze vom Fenstersims geschnappt und war dann zum Flughafen gefahren. Weil er in Eile war, hatte er nicht bemerkt, dass seine Mütze schwerer geworden war – so als wäre etwas darin.

Er merkte auch nichts, als er zum Flugzeug hastete, um gerade noch pünktlich zu sein, und nachdem es abgehoben hatte, war er zu beschäftigt mit den vielen Lämpchen und Messanzeigen.

In nur einer Nacht flog das Flugzeug in den Süden, hoch über allen Vögeln, die das gleiche Ziel hatten. Erst als die Maschine gelandet und der Pilot hinter den Passagieren ausgestiegen war, fasste er nach seiner Mütze. »Puh, ist das warm hier!«, sagte er und nahm sie ab.

»He! Seht euch das an!«, tönte es plötzlich.

Die Leute blieben stehen und deuteten auf den Piloten. Denn er hatte einen Vogel auf dem Kopf. Einen Star. Einen schlafenden Star.

»Haha! Sind Sie vielleicht ein Zauberer?«, rief jemand, und die Umstehenden lachten und riefen durcheinander.

Von dem Lärm wachte Kli auf. Sogleich flog er empor zum blauen südlichen Sommerhimmel.

Wie er hierhergekommen war, blieb für Kli ein Rätsel. Und die anderen Stare waren baff vor Staunen, als sie drei Tage später todmüde ankamen und Kli putzmunter auf dem höchsten Baum sitzen sahen.

MUTTER MAUS

Die zwei Kinder teilten sich ein Zimmer. Das Mädchen schlief im Bett an der Wand, der Junge im Bett am Fenster. Und dazwischen lag ihr Spielzeug. Autos, Bauklötze, ein Hebekran, Puppentische und -stühle sowie eine Kinderküche. So konnten sie morgens gleich mit den Sachen spielen – sie lagen genauso da wie am Abend vor dem Schlafengehen. Das dachten die Kinder jedenfalls.

Unter dem Boden ihres Zimmers aber wohnte Mutter Maus mit ihren sieben Kindern und vierzehn Enkeln, die alle schon groß waren.
Nachts krochen die Kinder und Enkel durch ein Loch in das Zimmer hinauf. Dort fuhren sie in den Spielzeugautos herum, bauten Häuser und Burgen aus den Klötzen, kochten in der Kinderküche Tee und tranken ihn in geselliger Runde auf den Stühlen um die Tische. Ehe es hell wurde, legten sie die Spielsachen wieder genauso hin, wie sie sie vorgefunden hatten, und verschwanden durch das Loch im Boden.
»Habt ihr auf dem Tisch getanzt?«, fragte Mutter Maus.
»Nein. Aber es war ein neuer Mercedes da, darin sind wir herumgefahren. Und ein neues Service mit blauen Blümchen, daraus haben wir Tee getrunken.«
»Solchen Reichtum gab es früher nicht«, sagte Mutter Maus. »Euer Vater und ich, wir mussten uns mit weniger begnügen. Er hat die Spieldose aufgezogen, und dann haben wir zur Musik auf dem Tisch getanzt. Die ganze Nacht.«
»Wie langweilig«, sagten die jungen Mäuse.
»Ein verwöhntes Völkchen seid ihr!«, schalt Mutter Maus. »Wäre euer Vater noch am Leben, dann würde der euch jetzt den Marsch blasen.«

Und dann legten sie sich schlafen, während über ihren Köpfen der Junge und das Mädchen mit den Autos, den Bauklötzen, dem Kran, den Puppenmöbeln und der Küche spielten.
Eines Tages, als Mutter Maus alt geworden war, sagte sie: »Ihr Lieben, ich lebe nicht mehr lange. Aber ehe ich sterbe, möchte ich gern noch ein einziges Mal zur Musik aus der Spieldose auf dem Tisch tanzen.«
»Dann mach das doch«, sagten die Kinder und Enkel. »Wir tanzen mit dir.«
»Ach, wie soll das gehen?«, klagte Mutter Maus. »Ich komme doch nicht mehr auf den Tisch hinauf.«

Die jungen Mäuse tuschelten untereinander – *psch-psch-psch* – und sagten dann: »Keine Bange, wir helfen dir.«

Kaum waren der Junge und das Mädchen am Abend eingeschlafen, tauchten die Mäuse auf und machten sich im Schein des Monds an die Arbeit. Mit dem Lastwagen karrten sie sämtliche Bauklötze heran, die roten, blauen, gelben und grünen, und stapelten sie mit dem Kran zu einem Treppenturm aufeinander, der bis zur Tischkante reichte.
Janning, der jüngste Mäuseenkel, bestieg den neuen Mercedes und fuhr damit durch das Loch hinab, um Mutter Maus abzuholen.

»Nein, was für ein Luxus!«, staunte diese und stieg durch die Tür ein, die sich tatsächlich öffnen ließ. »Ach, wenn das dein Großvater erlebt hätte!«

Geräuschlos ging die Fahrt bis zum Fuß des Turms, wo Mutter Maus ausstieg. »Ach, ihr Lieben! Sind das Zeiten, sind das Zeiten!«, sagte sie mit zittriger Stimme. »Lauter Neuerungen sehe ich. Ist das eine Küche? Und da – dieses Service! Schöner als das der Königin. Und wem gehört der Palast?«
»Das ist kein Palast, sondern ein Treppenturm«, antworteten die Kinder und Enkel. »Komm nur, wir steigen hinauf.«
»Liebe Güte, die vielen Stufen …« Mutter Maus seufzte.
»Ja, nur so kommen wir auf den Tisch.« Und sie begannen mit dem Aufstieg. Die Mäusejungen zogen von oben an Mutter Maus, die Mäusemädchen schoben sie von unten. Immer wieder mussten sie innehalten, damit Mutter Maus verschnaufen konnte.
»Ach, ihr Lieben, was für ein Abenteuer!« Sie ächzte und stöhnte.
Endlich war auch die letzte Stufe geschafft, und Mutter Maus sah vor sich die Tischplatte, blank und glatt wie ein Tanzboden.
»Liebe Güte, mein altes Herz …« Langsam ging sie auf die Puppentische und -stühle zu, die ihre Kinder und Enkel nach oben geschleppt und in einem Kreis aufgestellt hatten. Dort stand auch die alte Spieldose, die sie gefunden hatten.

Janning zog sie auf, und dann erklangen, ein wenig blechern und knarzend, die ersten Töne des Lieds »O, du lieber Augustin«.

Mühsam richtete Mutter Maus sich auf, bis sie auf den Hinterfüßen stand. Sie breitete die Vorderbeine wie Arme aus, sang mit brüchiger Stimme mit und machte die ersten steifen Wiegeschritte.

Ihre sieben Kinder taten es ihr nach und dann auch die vierzehn Enkel. Nach dem Augustin-Lied kam ein französisches: »Sur le pont d'Avignon«. Anschließend tranken sie Tee aus dem blau geblümten Service, und Janning zog die Spieldose noch einmal auf.

»Liebe Güte, dass ich das erleben darf«, stammelte Mutter Maus. Und sie erhob sich, um noch einmal zu tanzen.

»Ach, ihr Lieben!«, rief sie, während sie sich im Kreis drehte. »Euer Vater, er …« Plötzlich griff sie sich ans Herz und fiel um.

Als der Junge und das Mädchen am nächsten Morgen aufwachten, sahen sie einen hohen Treppenturm aus Bauklötzen neben dem Tisch. Und davor den neuen Mercedes. Auf dem Tisch standen sämtliche Puppentische und -stühle in einem Kreis, und in den Blümchentassen waren Teereste. Und dann lag da noch … eine tote Maus!

Die Kinder erfuhren nie, wie es dazu gekommen war. Und als ihre Mutter die tote Maus in den Mülleimer warf, sagte sie »pfui!«. Denn sie ahnte nicht, dass es Mutter Maus gewesen war.

Die niederländische Originalausgabe erschien 2021 unter dem Titel *Groot Biegel sprookjesboek* bei Uitgeverij J. H. Gottmer / H. J. W. Becht BV, Haarlem, Niederlande, einem Teil der Gottmer Uitgevers Groep BV.

Nederlands letterenfonds
dutch foundation
for literature

Die Veröffentlichung dieses Buches wurde
von der niederländischen Stiftung für Literatur gefördert.

ISBN 978-3-8251-5285-7

Erschienen im Verlag Urachhaus
www.urachhaus.com

www.paulbiegel.com
Satz: Klaus H. Pfeiffer
Gesamtherstellung: Livonia Print, Riga, Lettland